銀行員必携！

新規開拓活動の鉄則

壁にぶつかったときの対処の仕方

神谷 武 著
KAMIYA TAKESHI

近代セールス社

はじめに

新規開拓活動を含む渉外活動を任された若手は、当初は希望に満ち溢れています。日々、意気揚々と支店から飛び出していくことが多いと思います。しかし、数ヵ月も経過したころには、新規開拓が思うようにいかないことを思い知り、渉外活動の難しさを感じ始めます。渉外活動も人生も経験が少ないだけに、心も育ちきっておらず、いとも簡単に自信をなくしてしまうことが少なくありません。

ある程度経験を積んだ担当者であったとしても、一定の段階で行き詰まりを感じることも珍しくありません。特に、当初大きな苦労もなく順調に契約を獲得できていたような人であれば、それまで何の工夫もしてきていないこともあり、早々に行き詰りがちです。

このような自信の喪失や行き詰まり感は、「新規開拓活動の壁」ともいうべきハードルにぶちあたることで感じます。だれでも1度は経験することであり、上司も先輩も同僚も経験しているはずです。

もし新規開拓活動の壁にぶちあたったときには、かつて新規開拓活動の壁を乗り越えた経験者から話を聞いたりアドバイスを得たりすることが大事です。

しかし、自信を喪失して孤独を感じているときや、行き詰まりを感じつつもどうしたらよいか五里霧中であるときなどは、経験者たちに助けを求めようとも思い及びません。人によっては、同僚や同期の手前、つまらないプライドが邪魔をして自分の弱みを素直に打ち明けられないこともあります。現実に目を背けて、自分のつまずきをなかったものとして無視してしまう人もいます。

ついには「この仕事は私に向いていないのではないか」と思いつめて、他の業種や他の会社の良いところに目を奪われ、本気で転職に臨んでしまう人は少なくないようです。

一方、だれかに相談したいと思っていても、支店の体制上、人員が少なく相談できる相手がいないということもあるかもしれません。営業時間中は繁忙であり、労働時間の圧縮のために業後に相談する時間がないということもあるでしょう。

しかし、そうした状況であきらめていては何も解決・改善しません。どのような手段でもいいので、あきらめずにあがいてください。

私はかつて銀行員でした。当時、新規開拓活動の壁にぶちあたったときには、周囲の上司や先輩に相談する前に、解決の糸口を見つけようとして、書店を回り参考になる書籍を探し求めました。しかし、ちょうど良い助けとなる書籍にめぐりあえずに残念な思いをしたものです。ただし、私の場合はその後、心ある先輩から手を差し伸べてもらえるという好運を得ました。

本書は、かつての私と同じように悩んだり、解決の糸口も見つからず思い悩んで疲弊している若手の一助になりたい一心で記したものです。また、新規開拓活動の壁を乗り越えることができれば、取引深耕は楽に展開できるということも知ってもらうべきと信じて書き始めました。

皆さんはいま、どのような悩みを抱えていますか。もし、次のような悩みを持っているのであれば、本書には解決できる内容が詰め込まれています。

□お客様に断られ続ける毎日にやる気を失いそう
□何から手を付けてよいのか分からない
□やらなければならないことが山積みで、新規開拓活動に振り向ける時間がない

□効率的に動くにはどうしたらよいか分からない
□訪問するたびに押し売りのように思われてしまい、変な空気になってしまう
□お願いをして、しぶしぶと契約してもらうのはつらい
□何をやってもうまくいかず、自分がちっぽけな存在に思えてしまう
□ノルマという言葉を聞いただけで気持ちが沈む
□自分に新規開拓活動（または渉外活動）は合わないような気がする

これらの中に、該当する悩みはありますか。本書はきっと助けになりますし、かつて私に手を差し伸べてくれた先輩のような役割を果たすことでしょう。

2020年から新型コロナウイルス感染症が猛威を振るい、私たちの生活様式は一変しました。働き方はテレワークが幅広く推奨されており、本社と支社との間で行われる会議や、集合型で行っていた研修・セミナーにリモート（オンラインツール等）が活用されています。人員調整のために交替勤務が組み込まれた職場も少なくありません。多くの業種でビジネスを考え直さなければならない状況になっており、金融業界も例外ではありません。

金融機関の支店では、コロナ前も人員の削減とともに店舗の統廃合、昼時間帯の休業による営業時間の短縮などが進められていましたが、コロナ下になってより一層推進されました。また、訪問活動の縮小化とともに、Eメールや郵送、オンラインツールなどの活用が増えています。

確かに、従前に比べ渉外活動に一定の制限はかけられているのですが、変化した渉外活動でも「やってみると意外とやれるもんだ」といった印象があることも事実です。やってみたら時間・手間・コスト削減にもつながり、意外なメリットを享受できることを発見することは少なくありません。

一度ガラリと変わってしまったら、渉外活動の在り方も元に戻ることは難しいでしょう。コロナが収束しても新たなスタイルが定着し継続するのだと思われます。ただし、渉外の核や根幹は変わりません。そもそも渉外の場面では人と人とのつながりが欠かせませんし、各担当者はそれを忘れてはいけないのです。すなわち、どんなに社会情勢が大きく変わろうとも、人と人のつながりなしに渉外は語れないのです。

新規開拓についても、人と人のつながりが欠かせないのであり、それは絶対に変わりません。コロナ前後でビジネスの習慣が変わろうが、新規開拓活動の基本は何も変わらないのです。

本書では、そうした普遍的な考え方や基本手順を丁寧に解説しています。合わせて、中堅や若手が悩みがちな問題の乗り越え方を紹介しています。

本書が、悩める方々の背中を押し、自信を持って新規開拓活動ができる一助になれば、こんなにうれしいことはありません。

2021年10月

神谷　武

目次

第5章　法人開拓での目の付け所やアドバイス

第6章　転職が頭にちらついたときに大事なこと

第7章　高い業績目標の乗り越え方

第1章

だれもが直面する「新規開拓活動の壁」!

新規開拓活動の壁 その1――「日々門前払いで断られ続ける」

新規開拓担当者が必ず経験する「新規開拓活動の壁」というものがあります。面白いことに、どんな人でも同じような経験をしています。きっと皆さんの先輩も上司も同じような経験があるに違いありません。

まず知って欲しいことは、いま直面している新規開拓活動の壁は能力不足ゆえのことではないということです。いまもむかしも、だれもが同じように思い悩み、乗り越えた人はちょっとした気づきや発想の転換で次のステップへ進み、解決してきています。

本当にちょっとした気づきや発想の転換でいいのです。本書では、それが何なのか説明していきますが、その前にどのような新規開拓活動の壁があるか整理します。

3つの事例から、新規開拓活動の壁の正体を明らかにしていきますので、いま経験していることと何が重なるか考えながら読み進めてみましょう。

◎首都圏銀行ハマチ支店の稲田くんの場合

首都圏銀行ハマチ支店の稲田くんは、入行3年目。今年4月の異動で、初めて渉外担当になり、外回りを行っています。新規開拓で結果を出すことを期待されており、稲田くん自身ももともと外回り志望であったため、個人宅や法人の事務所へ張り切って飛び込み訪問する毎日です。

しかし、ひとりで外回りを始めて3ヵ月が経とうとするいまでも、いっこうに商談に持ち込むことができません。悲しくなることに、ろくにお客様と話ができないでいることも少なくないのです。

今日も個人宅のインターフォンを恐る恐る押します。

――ピンポーン♪

家人（インターフォン越しに女性の声）「…はい」

稲田くん「こんにちは。首都圏銀行ハマチ支店の稲田と申します」

家人「…はい」
稲田くん「あ、あの…」（冷汗）
「この辺りを回っております。ごあいさつでお邪魔しました…」
家人「いま忙しいので、またにしてください」
――プッ（インターフォンが切れる）
稲田くん「はぁ…」
稲田くんは肩を落としながら名刺をポストに入れます。
次は、以前から気になっている事業所を訪問してみます。
――ガラガラガラ…（引き戸を開ける）
稲田くん「ごめんください」
女性社員「はい、どちら様でしょうか」
稲田くん「首都圏銀行ハマチ支店の稲田と申します。この辺を回っておりま――」
女性社員「あ、結構です。他で取引がありますので新しい銀行さんにはお断りするように、社長から言われております」

稲田くん「そこをなんとか…」
女性社員「結構です。お引き取りください！」
稲田くん「名刺だけ置いていきます。失礼しました」

稲田くんは毎日こんな調子で、当初、張り切っていたことが嘘のように、すっかり元気を失っています。何度も門前払いされており断られることに恐怖を覚えているのですが、それでも勇気を振り絞って訪問しています。

しかし実は、個人宅のインターフォンを押しながら「留守でありますように…」と祈り、実際に留守であるとホッとしているありさまです。「訪問を試みたけど留守だったんだから仕方ない」と、留守で話ができなかった事実について無益な自己肯定をするようにもなっています。

あげくの果てには、わざと留守でありそうな家を探してはインターフォンを押すことを繰り返しています。「仕事をしているフリ」で1日を過ごす〝末期症状〟です。

支店に帰れば、毎度のように上司のワカナ課長から「また団子（契約ゼロ）かよ」と、呆れられています。

どうしたらよいのか分からなくなってしまった稲田くんは、毎朝9時に支店を出ると担当エリアに向かわず、反対方向に位置する「喫茶銚子港」に直行して時間を過ごすようになってしまいました。

どうせ断られるんだ…
どうか留守で
ありますように
ピンポーン
シ〜ン
訪問したけど留守だったんだから
仕方ない…
…
ホッ

新規開拓活動の壁　その2――「推進項目の多さと限られた時間」

◎下町信用金庫コノシロ支店の小羽田《こはだ》くんの場合

下町信用金庫コノシロ支店の小羽田くんは、新規開拓チームに配属されて半年。新規開拓活動を中心に外回りを行っています。

話上手で人前に立つことも苦手ではなく、金庫内でも人当たりが良いと評判の小羽田くんは、同期の中でも一早く渉外担当となり、半年前に新規開拓チームに抜擢された期待の人物です。

下町信用金庫では、渉外担当者に数多くの推進項目を課しています。小羽田くんは「やるべきことが多すぎて１日の時間がとても短い」と感じながらも、外回りに奔走しています。実際、契約は堅調に獲得しているのです。しかし、新規開拓の実績はなかなか積み上がっていきません。

それでも、「こんなはずはない」と気持ちを奮い立たせて、いかに効率的に契約を獲るかを考えました。
そして、事務を迅速に処理することで、できるだけ多くの訪問活動時間を捻出。お客様との面談時には、あいさつを手短に終えて、用件を簡潔に伝え契約を手繰り寄せようと意気込みます。

今日も商品説明の準備を万端に個人宅のインターフォンを押します。

――ピンポーン♪
家人（インターフォン越しに女性の声）「…はい」
小羽田くん「こんにちは。下町信用金庫コノシロ支店の小羽田と申します」
家人「なんでしょうか」
小羽田くん「ごあいさつで回っております。少しだけお時間よろしいでしょうか」
家人「はい、少しお待ちください」
――ガチャっと玄関のトビラが少し開き、家人が顔だけをのぞかせる
小羽田くん「お忙しいところ、申し訳ありません。すぐ近くの下町信用金庫コノシロ

支店から参りました小羽田と申します」
――小羽田くんが名刺を差し出して家人に渡す
小羽田くん「いくつかお得な情報をお持ちしました。きっとご興味を持っていただけると思います」
小羽田くん（チラシを差し出しながら）「まずは懸賞付き定期預金のキャンペーン中でして――」
家人（明らかに困ったような表情で）「時間がないので、またにしてください」
小羽田くん「説明だけでもなんとか…」
家人「またにしてください」
小羽田くん「また参ります。失礼します」

次は、事前の情報収集も万端に業績の良さそうな会社を訪問し、受付に立ちます。

小羽田くん「ごめんください」
女性社員「はい、どちら様でしょうか」
小羽田くん「下町信用金庫コノシロ支店の小羽田と申します。鮫島社長にごあいさつと思いましてお邪魔しました。鮫島社長はいらっしゃいますか」
女性社員「少々お待ちください」
鮫島社長（奥から現れる）「下町信用金庫さんだって？」
小羽田くん「鮫島社長ですね。初めまして、下町信用金庫コノシロ支店の小羽田と申します」
――小羽田くんが名刺を差し出して鮫島社長に渡す
鮫島社長「いったい、なんでしょう。ウチは海洋信金さんがメインなんだけど」
小羽田くん「ぜひ当金庫とお取引いただきたく思いまして」
鮫島社長「なら、お宅は何パーセントで貸してくれるの？」
小羽田くん「ご新規様ですので、お貸出できるとしましたら○%程度かと思います」
鮫島社長「海洋信金さんのほうが低いね。ウチは間に合ってるよ。忙しいからもういい？」
小羽田くん「あっ、お貸出以外にもお得な情報がございまして――」
鮫島社長「今日はいいよ。またにして」
小羽田くん「はい、失礼しました。またあらためます」

面談時に、小羽田くんは情報を伝えたい一心で一所懸命に話し始めます。忙しいところ応対してくれているお客様にも気づかい、あいさつを済ませるとそうそうに準備してきた選りすぐり情報を説明します。持ち前の人当たりの良さが滲み出て誠実に説明しようとする姿に、お客様も少なからず好印象を持っているようです。それでも、小羽田くんは話を遮《さえぎ》られ面談はそこで終わってしまいます。

遮られるたびに小羽田くんは思います。「せっかく、お得な情報を説明しようとしているのに、聞こうとしないなんて！この相手には縁がなかったんだ。次を当たろう」。そうやって、次のお客様もまた次のお客様も、ずっと同じことを繰り返すのです。数こそ少ないですが契約を獲得していることもあり、「やり方は間違っていない」と自分に言い聞かせながら新規開拓活動を続けます。

しかし結局、営業成績が振るわない現実に直面し、小羽田くんはだんだんと元気をなくしていきます。「やってもやらなくても結果はあまり変わらない」「同期には負けられない。無様な姿を晒したくない」「もしかしたらこの仕事は自分に合っていないのではないか」――こんなことを自問自答するようになり、次第に新規開拓活動から足が遠のくようになりました。毎朝9時に支店を出発すると、担当エリアの一番端、支店から一番遠くに位置する「喫茶銚子港」で時間をつぶしています。すっかり、カウンター席が小羽田くんの特等席になっています。毎日モーニングを注文できる午前の早い時間に陣取り、営業カバンの中の商品チラシを1つひとつ取り出しては表裏くまなく目を通すのでした。

ウチは間に合ってるよ
忙しいからもういい？
○△○
株式会社
あっ
お貸出以外にもお得な
情報がございまして…
数分後
○△○株式会社
○△○
株式会社
お得な情報なのに
聞こうとしないなんて！
ここと縁がなかったんだ
やり方は間違っていないんだ
次を当たろう
会社
くるっ

新規開拓活動の壁　その3――「ノルマに追われて〝お願い〟に走る」

◎大海原信用組合イワシ支店の白須くんの場合

大海原信用組合イワシ支店の白須くんは、渉外を担当してから1年が経とうとしています。しかし、なかなか営業成績が上がりません。半年前の9月の半期査定は、まだ渉外1年目の新人ということで周りからは大目に見てもらえました。しかし、いよいよ3月決算期が近づいてきて、支店の〝お荷物〟になっていることを自他ともに認めざるを得ません。それほど実績の積み上げが少ないのです。

大海原信用組合は、県下に10店舗ほどを有する地域金融機関です。研修制度が十分に整っているわけではなく、白須くんは渉外のイロハをきちんと教えられていません。ですから、白須くん本人だけを責めるのはおかしいでしょう。そんな状況をよそに、上司の磯垣課長からは、「いったいこの1年間、何をやってきたの?」と言われんばかりに、責め立てられます。

白須くんはもともと責任感が人一倍強く、学生時代は体育会系の部活で主将を務めていたほどでしたので、この状況を何とかしなければという想いは相当強いものでした。


ある日、案件会議の場で、磯垣課長が白須くんの活動について思わず口にします。

「だれでもいいからお願いできる人はいないのかよ～」。このひと言はほんの軽い気持ちで言われたものでしたが、白須くんは真に受けてしまいます。その後、席に戻って端末の画面をにらみながら、お願いセールスができそうな先をピックアップする白須くんの姿がありました。


「よし！片っ端からお願いして回るぞ」と意気込む白須くんは、最初のターゲットとして定期積金をやってくれている先を選び、カードローンを推進することにしました。普通預金残高が潤沢で、いつも白須くんを実の孫のように扱ってくれる鈴木のおばあさんを一番に思い浮かべ、早速その住居に向かいます。

鈴木さん宅の玄関前に着いて、インターフォンを押します。

――ピンポーン♪

白須くん「おはようございまーす。大海原信用組合の白須です」

――鈴木のおばあさんが玄関のトビラを開ける

鈴木さん「あらあら、どうしたの？白須さん。今日は定積の日じゃないわよねぇ」

白須くん「鈴木のおばあちゃん、急にすみません。今日は折り入ってお願いがありましてお邪魔しました」

鈴木さん「あらあら、何かしら？」

白須くん「お付き合いで、カードローンを持っていただきたいんです」

鈴木さん「…普通預金があるしローンなんて必要ないと思うけど」

白須くん「ご入用になったときに使っていただければいいものです。災害など思いがけない出来事の備えにもなりますから、損はないですよ。お願いします！」

鈴木さん「でもねぇ、うーん…。分かりました。いいわよ」

白須くんは思惑どおりに、カードローンの取引を獲得することができました。鈴木のおばあさんからすれば実の孫のように思っている白須くんによかれと思って行ったカードローンでしたが、ローンであることが頭から離れず不安でたまりません。

しかし、そんなことはいざしらず、白須くんは次に回る先を考えます。

「こんなに簡単に契約してもらえるのであれば、どんどん同じようにやっていけばいいじゃないか！」と、不敵な笑みを浮かべた白須くん。リストアップした一覧を眺めて、ターゲットを定期積金の集金先で、社長と親しくしている笠子《かさご》商店と決めて、訪問します。

白須くん「ごめんくださーい」

笠子社長「どうした？白須くん」

白須くん「社長、お願いがあってうかがいました」

笠子社長「お願いって何？珍しいね」

白須くん「今回ちょっとノルマで困ってまして…」

笠子社長「何のノルマなの？」

白須くん「フリーローンです。資金使途は事業用でも可能です。付き合ってもらえませんか」

笠子社長「えっ？でも、付き合うって言ったって、金利が高いんだろう」

白須くん「確かに高めなんですが、すぐに審査は通りますし、使わなければ1年でやめてもらってかまいませんから。50万くらいなら1年間の金利も大したことありません。ぜひ、お願いします！」

笠子社長「でもねぇ…。金利をどぶに捨てるようなものだしなぁ」

白須くん（深々と頭を下げる）「そこをなんとか」

笠子社長「まぁ、ある程度お金を手元に置いておくのも必要なことだし…。うーん、じゃあ。今回だけ付き合うよ。１年で解約していいんでしょう」

白須くん「ありがとうございます！早速手続きに入ります」

またしても、お願いセールスがうまくいき、取引ができました。

その後も、同じように頭を下げてお願いすることを続け、取引を次々と獲得していきます。すっかり常套手段にしてしまった白須くん。

しかし、強引なお願いセールスはのちに大きなトラブルを生みます。数ヵ月経って、白須くんがスーパーカブを走らせていると、スマホに磯垣課長からの着信が入りました。

白須くん「はい、白須です」

磯垣課長「鈴木様の娘さんが店頭にいらして、お母様が白須くんに無理やりカードローンを作らされたと言っているんだけど、心当たりあるか」

――白須くんは一瞬にして鈴木のおばあさんのことが頭に浮かぶ

白須くん「はい、いつもよくしていただいてる鈴木のおばあさんのことだと思います」

磯垣課長「娘さんはお母様が君にそそのかされていると、カンカンに怒っていらっしゃる。とにかく早くこちらに戻るように」

白須くん「はい、分かりました。急いで戻ります」

白須くんは、顔色を青くして支店に戻りました。娘さんには、これまでの経緯を説明しましたが、結局、カードローンだけでなく、その他すべての取引の解約に応じることになりました。

その後も、無理やり契約させられたというクレームが頻発。お願いセールスによって、お客様との信頼関係にヒビを入れてしまい、とうとう自分の首を絞める結果になったのです。

白須くんはこれまでを振り返り、「自分はいったい何をしてきたのだろう。これから地道に積み上げていくにしても時間がかかるだろうし、案件の獲得はまだまだ先になるな。どうしたらいいんだ」と頭を抱えました。

支店の〝お荷物〟状態であるだけでなく、お客様とのトラブルばかりで〝足でまとい〟になっていることに嫌気をさした白須くんは、毎朝9時に支店を出発すると、担当エリアから外れた地域に位置する「喫茶銚子港」で時間を過ごすようになりました。

新規開拓活動の壁を自覚し乗り越えるすべを知ろう！

◎稲田くん・小羽田くん・白須くんと、「喫茶銚子港」のマスターの話

「喫茶銚子港」には、奥のテーブル席でマンガ雑誌をひたすら読んで現実逃避する稲田くん、カウンターの端の席で浮かない表情をして取扱商品のチラシをすみずみまでチェックしている小羽田くん、少し離れた窓際の席でコーヒーをすすりながら外をボーっと眺める失意の白須くんの姿があります。

実はこの喫茶店、マスターが悩める金融マンに解決のヒントをくれる、「駆け込み寺」として評判の店。マスターはかつて銀行員で、金融業界をよく知る頼れる兄貴的存在になっています。

マスターは、１９９０年代後半までである地方銀行の渉外担当でした。この時代に、

担当エリアをスーパーカブで走り回っていた経験を持ちます。県内最大店舗の渉外チームでリーダーとしてメンバーを取りまとめ、支店内もさることながらお客様からの信頼も厚く、成績は常に行内トップ10に名を連ねていた人物です。同期の中で最も早く、支店長候補と目されてもいました。

そんな矢先、金融ビッグバンのあおりを受けて大手金融機関がいくつも破綻し、その流れに沿うように、マスターが所属していた銀行も不良債権処理が追いつかず、結局破綻してしまったのです。

マスターは、自分が最後まで勤めあげられなかった無念を胸に、金融業界を背負って立つべき若き金融マンを元気づけようと、店に来る金融マンたちの話を聞いてアドバイスをしています。

稲田くんも小羽田くんも白須くんも、こうしたマスターのうわさを耳にしていたものの、なんの気なしに喫茶銚子港に訪れていたのでした。

この日、元気がない様子でチラシに眼を通すカウンター席の小羽田くんにマスターが声をかけます。

マスター「最近、何かいい商品あるの?」
小羽田くん「おすすめは、この投資信託ですかね。固い銘柄で、安全性を担保しながら少しチャレンジングな銘柄を組み合わせているんです。相場動向を少しだけ気にしておくだけでいいという手軽さがあります」
マスター「他には?」
小羽田くん「いまやっているキャンペーンなんですけど、このフリーローンもいいですよ」
マスター「フリーローンねぇ。金利、高いでしょ」
小羽田くん「金利は3段階あります。確かに他に比べて少し高いのですが、審査は早く、必要なときにすぐ資金が出せます。事業性の資金使途にもご利用いただけるんです」
マスター「なるほどね。君が言うようにそんなにいい商品なら、お宅のお客さんは喜んでいるだろう?」
小羽田くん「いやー、実は話をしてもあまり反応がなくて…」
マスター「……」

小羽田くん「当金庫の商品、なかなかなものなんですよ。だから、私のポリシーとしては商品知識で分からないことがないようにしようと、チラシもすみずみまで目を通しています。知識をもとに商品をアピールするのですが…」
マスター「でも、お客さんは反応してくれないと？」
小羽田くん「そうなんです」
マスター「君のお客さんは何を望んでいるのかな？」
小羽田くん「役に立ったりお得だったりする商品じゃないですか。商品の良さが分かってもらえれば取引できると思います」
マスター「なら、良い商品だと分かってもらうために、どうしてるの？」
小羽田くん「時間も限られているので、商品内容の要点を簡潔に説明しています」
マスター「簡潔にか…」
小羽田くん「はい。残業なんて許されないし、きちんと実績をあげていくには簡潔な説明が必須ですよ」
マスター「簡潔に説明することで効率化でき、時間は圧縮できるかもしれない。しかし、お客さんの反応が薄いということは、その説明が本当にお客さんの興味を引く内容じゃないんじゃないかな。僕はたまたま『何かいい商品あるの？』って君に聞いたけど、お客さんはだれしもそもそも商品に興味あるわけじゃない。お客さんが知りたいことは君が話すようなことではないのかもね」

小羽田くん「えっ！」

マスターは実績がなかなかあがらない、小羽田くんの本質や課題を見抜いたようです。小羽田くんが自身の問題点に気づかないままでいれば、この先も空回りし続けると確信しました。

マスター「僕がかつて所属していた銀行では、渉外担当として正式に任命される前に、候補者は全員〝営業大学〟という人事部付の教育機関でみっちりしごかれたんだ。2ヵ月の座学の後、4ヵ月にわたる実践で学んだ。そこでは一定基準以上の営業実績をあげないと、渉外担当として正式に配属してもらえなかった」

小羽田くん「当金庫にはそこまでの教育はありません。ひと通りの研修はありましたが…。正直、マスターがうらやましいです」

マスター「うらやましい、か。でも、その当時の僕には大変なプレッシャーもあったんだ。なにせ決められた期間内に一定の実績をあげなければ、元いた支店の事務行員に逆戻り。営業大学に呼ばれる同期や後輩が後にひかえているのだから、もし失敗したら次いつ営業大学に呼ばれるかは分からない。そんなプレッシャーの中で適性を試されるんだよ」

小羽田くん「すごいですね。私にもそんな機会があれば頑張りたい…」

マスター「君が本気で成績トップになりたいと思うのなら、私がかつて学んだことを伝授してもいい。商品知識を学ぶ君の姿を見て、素養はあると感じた。どうだ、取り組んでみるか」

小羽田くん「や、やりたいです。私には絶対に必要です。ぜひお願いします!!」

窓際にいた稲田くんは、耳をダンボにしてこうした2人のやり取りを聞いていました。

マンガを読んでいた稲田くんは、ページを繰りながらも同じように2人の話に集中していました。

稲田くん「あの～、先ほどからお2人の話を聞いていました。盗み聞きするつもりはなかったのですが、申し訳ありません。私も加わりたいのですが、よろしいでしょうか。いまどうしたらいいか途方に暮れているくらいでして。私は、首都圏銀行の稲田と申します。よろしくお願いします」

白須くん「あのー、自分も学ばせてください。大海原信用組合の白須です」

小羽田くん「私は、下町信用金庫の小羽田です」

喫茶銚子港で同じようにいたずらに時を過ごしていた3人はわらをもつかむ気持ちで、マスターに教えを乞いました。

マスター「〝どうにかしたい〟というみんなの熱意を心底感じたよ。よし分かった！僕の持つノウハウやテクニックを伝授するとしよう。その前に、それぞれの状況や悩み、課題と思われることなどを正直に話してくれないか」

稲田くんは、新規先からの門前払いが多くあり、お客様から断られ続けてやる気をなくしてしまっている状態を打ち明けました。

小羽田くんは、すでに話した内容に付け加えて、自分で考えた効率的な動きに自信がなくなってしまっているため、最適な活動方法が分かるヒントが欲しい旨を明かします。

白須くんは、お願いセールスを続けてきてしまったため、支店内の信用もお客様からの信頼も失ってしまっていることに後悔しており、適切な活動についてまったく考えてこなかったこともあり、一から新規開拓活動を学びたい想いを伝えました。

マスターは、３人には新規開拓のいろはから教えることが必要と考えました。「新規開拓のきちんとしたやり方を習得すれば、既存先の取引深耕も楽にできるようになる」ことを実感しているマスターは、３人の活動が変わる期待を込めて熱く語り始めたのです。

※　　　※

マスターが3人に伝授していった内容は、第2章以降で紹介します。具体例やトーク例などを数多く記載していますので、実際の活動の参考になると思います。

1
みんなに伝授するとしよう
その前にそれぞれの
状況や悩み課題と
思われることなどを
正直に話してくれ
ないか
2
お客様とろくに顔を合わせられず
いまではインターフォンを
押すのも気が重くて…
シュルル
3
効率的に動いているんですが
うまくいかなくて
ぼくは…
良い
ヒントが
欲しい
です
フリーローン
4
お願いセールスばかりで適切な
セールス手法はまったく考えて
こなかった
んです
はぁ〜
お客様の
信頼も失って
しまって
いて…
5
新規開拓活動を一から
教えてもらえませんか
よく
分かった！
みんなには基本的な
ことから教えるよ
6
基本から学んで理解すれば
確実に新規開拓の力は
アップする
しっかり
ついてこいよ
はい！

第2章
新規開拓活動のスタンスと現状打破の糸口

こんな意識を持つだけで平常心で気楽に活動できる

「新規開拓活動はしんどい！」と感じている担当者は多いかと思います。しかし、自分の意識を少し変えるだけで、平常心で気楽に臨めるようになります。ここでは、新規開拓活動においてどのような意識を持つとよいか紹介します。

①「断られても当然」と開き直る

新規開拓活動に限らず、どんな仕事でもいえることですが、精神的に追い詰められている状態では、本来の力は発揮できませんし、良い成果は期待できません。社会人（プロ）として仕事を進めていくうえでは、できる限り平常心で臨めるようにマインドセットする必要があります。

そのためには、「つらい、つらい」といった気持ちはひとまず横に置いておいて、気持ちを楽にするほうに自分を仕向けます。どのように仕向けるかというと、ある種の「開き直り」が有効です。

新規開拓活動では、お客様による門前払いも少なくありません。その経験が二の足を踏ませる原因になります。そこで、取り組む前提として「必ずしも新規先が自分の所属する金融機関に関心を持っているわけではない」「自分に関心を持っている新規先のほうが少ない」と認識して、「だから断られるのが当然」と開き直ります。

お客様から門前払いにあっても、いちいち気にやむことなく、開き直ることで前向きになれます。気持ちが断然楽になるでしょう。

②契約まで紆余曲折や難航しても気にやまない

新規開拓活動は、新規のお客様のニーズを把握して、創造性を働かせながら複数の選択肢を検討し、一定のソリューションを提供する作業といえます。うまく提案まで持ち込めても実際に契約に至るには、その提案がお客様にとって良いタイミングであり、ニーズに合致することが必要であって、諸条件をすり合わせて互いに了承できてから契約締結となります。

いずれの過程も「一発ＯＫ」となることのほうが少なく、度重なるやり取りや交渉などを経てようやく次の過程に進みます。少々難航しながらも前に進んでいるのならまだましで、場合によってはお客様の気が変わることもあり、せっかく進めてきたにもかかわらずすべてがご破算になることさえあります。

「契約は相手の都合次第」――こう考えると、「新規で契約がもらえる相手と巡り合うこと自体、簡単なことではない」と悲観したくなるかもしれません。

しかし、それで思考停止になって立ち止まってしまえば、何事も進みません。うまくいかなくて案件がとん挫しても、時には「しょうがない」とあきらめて、次の展開を考えるほうが生産性があります。いちいち立ち止まって思い悩んでばかりいることはバカバカしいのではないでしょうか。

③数多くのお客様との接点が多くの契約につながる

新規開拓活動では、お客様に断られることが多いわけですから、「たくさん断られるのはダメ」なのではなく、「最終的に契約が取れればすべて良し」なのです。

前向きになって、どうやって契約の本数を増やせばいいかを考えるべきです。具体

図表●契約を頂上としたピラミッドの比較

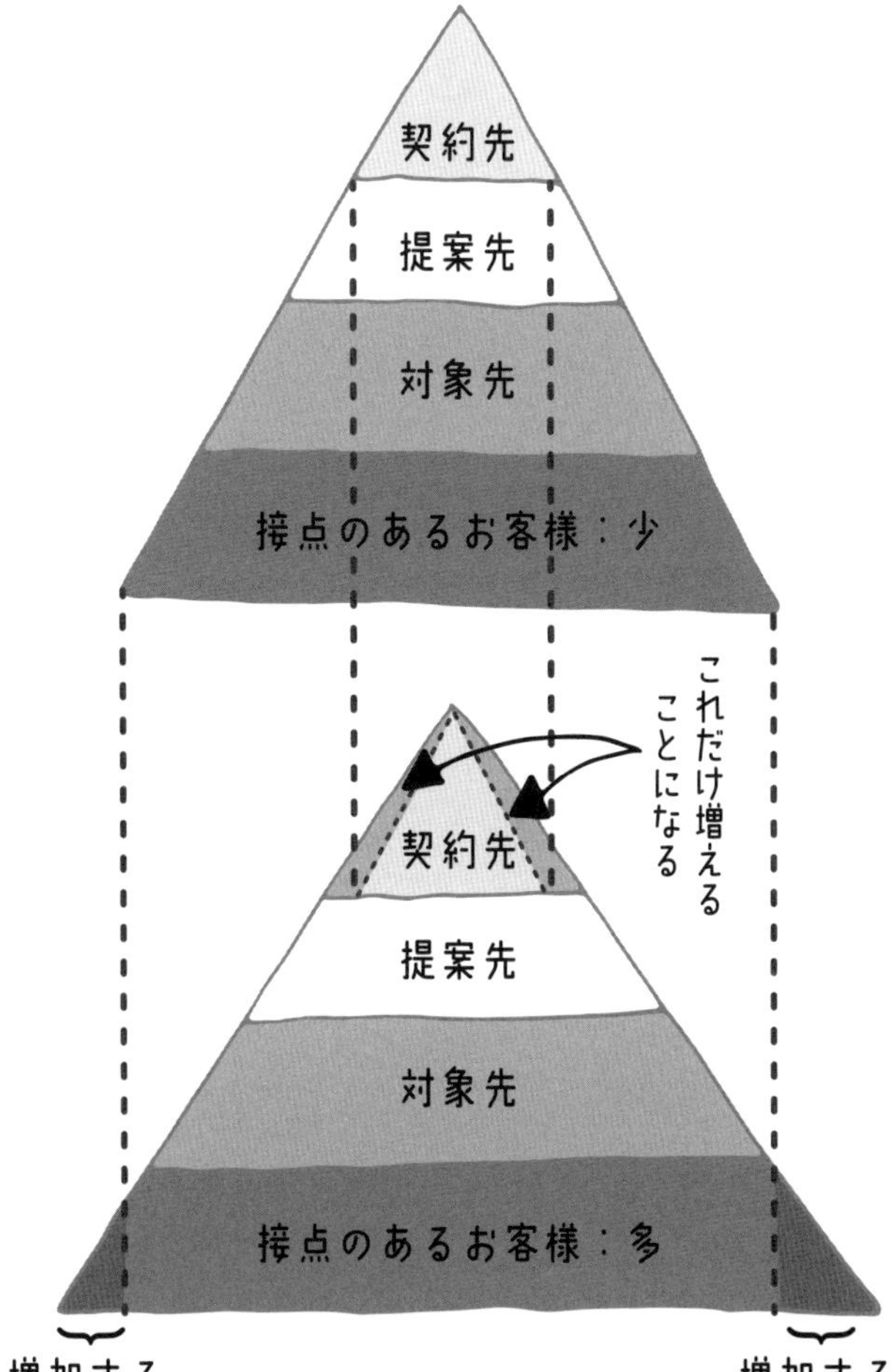

的な方策で最も重要なのが、「とにかく数多くのお客様と接点を持つ」ということです。

契約を頂上としたピラミッドを比較してみると、分かりやすいかと思います（前ページの**図表**）。接点のあるお客様が多ければ多いほど、すなわちピラミッドの裾野が広ければ広いほど、結果的に契約の数が積み上がるのです。

一方で、「アプローチの対象を厳選して、契約の確度を上げる」という考え方もあるかと思います。しかし、断られる確率の高い新規開拓活動では、接点のあるお客様から対象先、提案先、契約先までに引き上げていく段階で、途中で断れられる先が相当数出ますので、最終的に契約先として残るのは一握りです。契約の数をある程度獲得するのであれば、基本的にお客様との接点の数をそれ相応に多く持つことが必要と考えたほうが良いでしょう。

④あいさつや世間話でお客様との接点は増やせる

お客様との接点づくりで重要なのは、「言葉を交わすこと」です。何もいきなり難しい話をしようということではありません。ここで言いたいのは、日頃のあいさつが重要ということです。

担当エリアですれちがう人々にあいさつをし続けていれば、顔見知りになります。意識して自ら声をかけるように、またはきはきと発声するようにしてください。

私が渉外行員だったときには、朝９時に所属する支店を出発したら、担当エリアに向かう途中でも行き交う人たちに目を合わせてにこやかに「おはようございます」と言いながら歩くということを実践していました。

あいさつの相手は、出勤のために最寄駅に向かうサラリーマンや通学中の学生、最寄駅から勤務先に向かって歩くＯＬ。商店街に並ぶ店舗のシャッターをガラガラと開けて開店準備を進める商店主。トラックから荷物を運び出している配達人。路地で幼稚園の送迎バスを待つ何組もの親子。犬の散歩をする老人やベランダで洗濯物を干す主婦。このように、すれ違う数多くの人々とあいさつすれば、それだけ多くの人と接点を持てるのです。

このような「あいさつ活動」は朝だけに限りません。訪問活動中の移動でも帰店途中でも、とにかくやり続けました。

そして、１日に何度かあいさつを交わしていれば、自然と次のような世間話になっていくものなのです。

——朝、あいさつした商店主に昼ごろに再会

私「こんにちは～。（空を見上げながら）なんだか雨が降りそうですね～」

商店主「おう、なんだか心配だよなぁ。兄ちゃん、傘は持ってるか。これ、うちのお客さんが忘れていった傘だけど、もう何ヵ月も取りにも来ないから、良かったら持ってくかい？」

初めは面識がなくても、朝のあいさつをきっかけに無理なく声をかけられるようになります。

——数時間経った夕方に、また同じ商店主と店舗の前で顔を合わせる

私「結局、雨降らなかったんで傘をお返しします。おかげさまで安心して渉外活動ができました。ありがとうございます」

商店主（ニコニコと）「寄ってくれれば、また貸してやるよ」

——朝、ベランダで洗濯物を干していた主婦が偶然にもこの商店に買い物に来ている

主婦「あら、朝いつもうちの横を通るお兄さんじゃない。（ジャケットのバッジを見

ながら）銀行さんだったのね～」

朝のあいさつだけでは自分の正体を理解してもらえなくても、あいさつを重ねていることで自身の存在を認識してもらえていたからこそ、偶然出会えたときに相手の興味から立場を知ってもらうこともできました。

このようなケース以外にも、あいさつしたことがある人たちの集まる井戸端会議に居合わせたことがあります。

――井戸端会議の面々が何やら同じ方向を指さす

私「何かあったんですか」

女性「あら、いつものお兄さん。いえね、このお宅、だれもいないようなんだけど、お庭でたき火をたいてるのよ」

私「ちょっと家をうかがってみますよ」

女性「お願いね」

実はこのお宅、定期積金の集金で日ごろ訪問しているお客様の自宅。井戸端会議の女性たちの期待を一身に引き受けて、庭へ通じる裏戸を叩きます。

私「ごめんください！ごめんくださーい!!」

「あれ？今日はだれもいないのかな？」なんて思っていると、敷地の端にある家庭菜園で作業をする人（男性）がこちらを見ています。たき火にきちんと気にかけています。そのことが分かり、ホッとして井戸端会議に戻ろうとしたら、声をかけられました。

男性「よく来たね。どうしたんだい？」

私「実はお宅のたき火でそばにだれもいないようだと近所の方が心配されていたので、私が様子を見に来たんです。問題はありませんか」
男性「ああ。問題ないよ。心配かけて、すまないね。もうすぐ消すから。あっ、ちょうどよかった。ここで作ったミニトマトがいい感じに熟したから、持って帰ってよ」
私「で、でも…」
男性「いま、ビニル袋に入れるから、ちょっと待っていてね」
　数分後、私の腕にはビニル袋満載のミニトマト。どうしようかと思いあぐねて、井戸端会議の場所に戻りました。
私「あのお宅の方、ご在宅でした。たき火のことは敷地の端から見張っていらっしゃいました！」
別の女性「そうだったのね。よかったわぁ」
私「最近、近所で不審火があったそうですね。今朝、上司が言ってましたよ。皆さん、ご心配ですよね。でも、今回は大丈夫です。安心してください」
女性「よかったわ」
　井戸端会議の1人が私のバッジに気が付きます。

別の女性「あなた、あそこの銀行の方だったのね」
私「そうです」
別の女性「私、よくあそこのお店のATMでお金を下ろしてるのよ」
私「そうでしたか。ご利用いただきありがとうございます。そうそう、実はたき火をされていたお宅はうちのお客様なんですよ。先ほど話をしたら家庭菜園のミニトマトをたくさんいただいちゃって。良かったら、皆さんどうぞ」
女性「うれしい。ありがとう‼今度、お兄さんにお礼しなくちゃ」
私「お礼なんて結構ですよ」
別の女性「あら、もうこんな時間。子どもたち帰ってきちゃう。夕飯の支度をしなくちゃ。銀行さん、さよなら！」
私「さようなら！」
　夕焼け空の下、井戸端会議は散会して帰店しました。この後、井戸端会議のメンバーとは気軽に声をかけあえる関係になりました。
　このように、日々のあいさつから、支店の周辺や担当エリアの人たちと関係を持つことができ、頼まれごとを引き受けたり、役に立ったりすることもできるのです。

⑤1つの接点は一過性の関係ではない

日々のあいさつから始まり、顔見知りになって、あるときから挨拶の延長でたわいもない話や世間話をするようになって、だんだんと親しくなっていきます。

営業活動のコツとして「商品を売り込む前に自分を売り込む」ということがよくいわれます。一般的には、自分の所属や趣味、仕事などを話すことで自身を知ってもらい、関係性を構築するようなことです。ただし、唐突に自分のことを話すのは相手に警戒心を与えますし、担当者によってはたとえ取引につながる可能性があるとはいえ自分の情報を開示することに拒絶感を覚えることもあるでしょう。

一方、あいさつから始まって次第に話すようになって自然と親しくなっていくという流れで進んでいけば、無理なく人となりを互いに知ることができますし、無理に自分を売り込まなくても自然に正体を知ってもらえます。

もしかしたら、前述の井戸端会議に参加していた人たちの間では、すでに私のことが話題にされていたかもしれません。個別にちょっとした接点を持った人たちが、実は何かしらの結びつきを持っている可能性もあります。知人・友人や取引先などに私のことを話してくれれば、自分で動かなくても自分の存在が広く知れ渡るようになります。良い意味で私のことがひとり歩きしていれば、こんなに楽なことはありませんし、ストレスはゼロです。

目の前にいる人との関係はその場限りではありません。いろいろな可能性につながることを認識して活動しましょう。

⑥見知った間柄である人を対象先にする

まったく知らない間柄から契約までの関係性のステップをまとめると、次のようになります。

◎両者がまったく知らない間柄
←（あいさつから始める接点づくり）
◎自分の存在をなんとなく知ってくれている
←
◎いつもあいさつしてくる人という認識を持ってもらえている
←
◎いつもあいさつする人が行職員だと分かってもらえる（対象先の一歩手前）
←
◎相手に必要性が生じたタイミングで相談される（対象先になる）
←
◎対象先が見込先になる
←

◎交渉を経て取引の契約に至る

新規開拓活動では、断られることは数多くあります。前述したように、「断られて当然」なのです。とはいっても、断られたときは残念な気持ちになるでしょう。

しかし、そこでいちいち立ち止まって悩んでいては非常に時間がもったいないことになります。「断られたら他をあたる」という同時並行のスタンスが大事です。

対象先がたくさんあればあるほど、次々と足を向けられる先があるということです。対象先がたくさんあれば安心材料になりますし、精神安定剤のようなものになるでしょう。ですから、できる限り多く対象先を確保していくことが重要になります。

「対象先一歩前」（行職員だと分かってもらえている状態）から「対象先」にスムーズに進むのはめったにありません。自身が行職員であることを認識してもらった際に、「あなた、銀行さんだったのね。ちょっと教えて欲しいことがあるんだけど」などといきなり展開することもありますが、このようにいきなり対象先になるのは稀です。

対象先の一歩手前から対象先に繰り上げる過程では、どんなニーズを持っているかということに常にアンテナを張ることが重要になります。

ただし、あからさまに「どんなことで困っていますか」などと質問しても、すぐに心を開いて答えてくれるものではありません。訪問時に気づいたことについて興味を持って話題にすることがポイントです。根掘り葉掘り聞く姿勢でいると、相手は壁を作りがちですので注意してください。会話が〝本丸〟であるニーズに近づいていけばよいのですから、話題を少しずつ変えていって相手が自分から話してくれる話題を探ります。

例えば訪問している個人宅で庭の花壇がきれいに整っていたら、「花壇をきれいにしていらっしゃいますね。実家を思い出します」と触れます。花壇の手入れは手間がかかりますから、本人あるいは家族のだれかが庭仕事を好み、趣味として取り組んでいる可能性があります。本人が好きで手入れしていれば、積極的にいろいろと話してくれるでしょう。

室内に海外旅行をしたときの写真や、海外の土産が並んでいれば、頻繁に海外旅行をしているか、もしくは海外出張が多いかして、海外渡航が珍しくない人なのかもしれません。

ガレージにバイクがあれば、バイクに触れるべきです。バイク保有者はバイク好きが多いので、それに触れるとどんどん話をしてくれる傾向があります。

ガレージに車が複数台停まっていれば、車の所有者・利用者の話題から家族構成の話題につなげることができます。また、四葉のクローバーの「身体障害者マーク」が車にあれば、家族のうち、だれかの身体が不自由なのかもしれません。

三輪車が置いてあれば幼い子どもがいるサインですから、その子どもについて話題を振ります。相手が高齢者であれば、孫と同居している可能性があります。祖父母からすれば孫はかわいいもの。話題にすれば、自らいろいろと話してくれるでしょう。

法人の事業所でも、同じようなことを行います。事務所の中を見渡してネタを見つけます。自ら進んで話してくれるようなネタを見つけられたら、その話の後に景気や業界、最近の仕事、人手、会社の歴史、今後の展開といった質問を投げかけても無理なく答えてくれるでしょう。

さらに会話が積み重なっていけば、今度は相手から質問されるようになります。「他社はどうか」「他業界はどうか」「この界隈ではどうか」といった質問にスピーディに答えましょう。その場で答えられないようなことがあれば、「すぐにお調べしてご連絡します」などとひと言断っておき、できるだけ早く対応します。

このような行程は、金融取引まではほど遠く、遠回りしているように感じるかもしれません。相手のほうは「金融機関としてお宅はどうなのか」「担当者としてあなたはどうなのか」を見極めようとしている段階ともいえます。互いに金融取引につい

て触れていないと認識しているわけですから、あわてなくてもそのうちに相手から「その場合、お宅だと金利何%？」などと、核心を突いてくるようになります。

焦らなくて大丈夫です。安心してください。相手は金融機関の人間であることを認識しているわけですから、機が熟せば金融取引の話になります。それまでは、自ら率先して金融取引の話に触れる必要はありません。相手も貴重な時間を割いているのですから、最終的にすべてを無意味に終えるということはないはずです。

⑦次回訪問のための「フック」を必ず作る

新規開拓活動の時間は無限にあるわけではありません。1軒1軒の面談時間も限られています。次のアポが控えていることもあります。

場合によっては、いくら会話を展開しても関係性が進展せずに、もっと粘りたいと思うことがあるかもしれません。でも、そんなときはいったん切り上げるということも有効です。

面談時には、切り上げるべきタイミングを念頭に置いておく必要があります。切り上げるタイミングには、きっぱりと「今日はこの辺で失礼します」などと話を終えて、暇を告げます。たとえ相手が興に乗って話していても、次のアポや予定などに遅れると問題ですから、会話のイニシアチブをとって終えることが肝要です。

ただし、面談を切り上げる前には、必ず次回訪問するための「フック」を仕掛けるようにします。ここで言うフックとは、次の訪問の理由となる「宿題」のことです。例えば相手からの質問に対する回答をその場ではなくあえて次回の訪問に回すという方法があります。必要な資料を次回に持ってくることを約束するといったことでも構いません。次回訪問のためのフックを作らずに、すごすごと帰ってしまってはもったいないでしょう。

相手から「これについて今度教えてよ」という投げかけがあれば理想的です。しかし、そう事がうまく運ぶばかりではありませんから、「次回訪問するまでに○○について調べておきますよ」などと言って、自ら宿題を作ってしまうくらい次回訪問の理由づくりにはこだわるべきです。

限られた時間の中で多忙な業務をバランスよく行う

金融機関のいかなる業務においても、効率性が求められます。新規開拓活動を行う皆さんも「効率」の重要性を日々実感していることでしょう。

第1章で登場した小羽田くんのように、「多くの人と面談できるように、訪問時には一早く、絶対の自信を持つ自社の商品を説明する」ことを考えている人は多くいます。実際に、あいさつもそこそこに、次から次へと商品を案内して回る担当者を何度も見てきました。

多くの接点を持つことが重要と考えるのは間違っていません。しかし、効率性をはきちがえて、自ら「せっせ」と商品説明を行っているのは問題です。これでは、結果的に「押し売り」になってしまいます。

相手がせっかく時間を割いて会ってくれたのに、自分が話したいことばかりに注力し、相手の話を聞いていない――これでは、相手は「何の価値も感じない不毛な時間を過ごしてしまった」という印象を抱きかねません。最悪、「この時間が早く終わってほしい」とさえ考えているかもしれません。自分本位を押し付けてくる担当者には関わりたくないし、これ以上人間関係を深めたいとも思わないのではないでしょうか。

渉外担当者には、自行庫の代表として商品・サービスを提供する責務があります。責任感の強い担当者であれば、このことを強く認識しているかと思います。推進項目も多く、高い業績目標が設定されている状況で、できるだけ効率的に動きたいと考えるのは当然のことです。

効率的に動くためには、何かしらの作業を削ぎ落とす必要があるかもしれません。できるだけムダを排除し必要な作業だけに絞りたいと考える人も少なくないでしょう。

ただし、削ぎ落とす作業を間違えてはなりません。ムダなこととは何なのかを見極めなければ、大事なことを失い、結果、成果も得られないことになりかねないのです。

小羽田くんのような渉外活動では、何が問題なのでしょう。相手との会話の構成を見ると、「あいさつ→商品説明」で進めています。これでは、相手のニーズは分かるはずもありません。相手のニーズを確認することもなく自己都合で商品説明を始めてしまっています。欲しいと思っていない商品・サービスについて無理やり説明されても、だれが取引するというのでしょうか。相手の立場になって考えれば、すぐに分かるはずです。

業績目標の達成に追われながら、ただでさえ断られることが多い新規開拓活動を行っていると、焦りから必要なセールスステップを無視してしまい、契約にほど遠い無意味な展開に陥る人は少なくありません。相手の都合で契約が結ばれるという基本を忘れて、自己都合で契約を決めようとする意識・思考そのものがムダといえるのです。そうした意識・思考は捨て去るべきといえます。

ここで、必要なセールスステップを挙げてみます。前項でも記載しましたが、改めてまったく知らない間柄から契約までの関係性のステップから考えてみましょう。

◎両者がまったく知らない間柄

↓（あいさつから始める接点づくり）

◎自分の存在をなんとなく知ってくれている

◎いつもあいさつしてくる人という認識を持ってもらえている
↓
◎いつもあいさつする人が行職員だと分かってもらえる（対象先の一歩手前）
↓
◎相手に必要性が生じたタイミングで相談される（対象先になる）
↓
◎対象先が見込先になる
↓
◎交渉を経て取引の契約に至る

対象先から見込先、さらには契約に至るまでのステップを詳しく見ていきましょう。

◎会話の中から対象先のニーズを聞き取り、実現したい状態を把握する（対象先が見込先になる）

◎ニーズに応えられる選択肢を模索・検証する

↓

◎勧められそうな候補案をいくつか提示する

↓

（当てが外れた場合、再度選択肢を模索・検証し、候補案を提示）

◎候補案の内容を検討してもらう

↓

（その場で決まらなければ、一定の時間をかけて検討してもらう）

◎候補案に対して「もう少しこうして欲しい」といった要望を受ける

↓

◎前記のような要望に応える案や条件、方策などを検討する

↓

◎要望に応える案や条件、方策などを提示する

↓

◎要望に応える案や条件、方策などを検討してもらう

◎必要なタイミングで契約を締結し、取引が始まる←

結論を先に言えば、このようなセールスステップで削ぎ落としてよいことなどないということです。

新規開拓活動は、前述してきたとおり、地道な接点づくりから始めて対象先を見つけ出し、対象先の一部が見込先になって最後に契約に結び付くといった流れで進み、かなりの時間と手間がかかるものです。場合によっては、根気も問われます。

限られた時間の中で業績目標の達成に追われ、相手から断られて嫌な思いをすることが日常茶飯事なら、一見面倒に見えるステップは省略したくなる心境は分かります。だからこそ、もう一度言います。「削ぎ落としてよいステップなどない」。しっかりと認識してください。

ムダと思えるような行動が、実は一番の近道ということもあるのです。

再三、述べていますが、契約に結び付くまでは多くの手間がかかります。「効率性を上げる＝手間をかけない」ではありません。契約には、人間関係を構築してニーズを把握したうえで、相手の都合やタイミングに合わせて喜ばれる案件に仕立てることが必須。冷静に活動を見つめ直してもらえれば、かけるべき手間は省けないことは分かると思います。

新規開拓活動は一朝一夕に成果がでないからこそ、業績目標の達成は1年間のうち半期（6ヵ月間）、全期（12ヵ月間）で実現すればよいと考えましょう。与えられた期間を目いっぱい使って目標を達成していけばよいのです。長い目で見て考えて行動

しましょう。

もちろん、「訪問活動の効率化」は外せない考え方です。既存先の取引深耕とともに新規開拓も行うとなれば、なおさらいかに効率的に回れるか考えることは欠かせません。どうやって効率化を実現すればよいか、その方策を以下で紹介します。

①朝にスタートダッシュをかける

私は「朝のスタートダッシュ」を大事にしています。

あらためて言うほどのことではないですが、1日の実働時間は限られています。私が銀行に勤めていたころは、夜遅くまで支店の営業室の電気は消えることなく、それをむしろよしとしていた風潮で、他の支店と競い合っていたほどでした。しかし、いまはそういきません。夜暗くまで残業を続けてよい時代ではないのです。決まった時間内で訪問活動を行い支店に戻ってこなければなりません。むかしに比べていまは時間にシビアです。だからこそ、なおさら「朝のスタートダッシュ」が1日の活動を左右するといえます。

ここで言う「朝のスタートダッシュ」とは、午前中のタイトな訪問予定を時間どおりにこなすことを意味します。これを実現するには、あらかじめその日1日の予定をしっかり頭に入れておいて迷いなく動けるようにしておき、朝、予定どおりに支店を出発して、約束の時間どおりにお客様のところに到着することが大事です。ただし、訪問時の面談は自分本位ではなく、お客様本位で進めることが基本ですので、訪問にあたってはなおさら万全の事前準備が重要です。それには前日の用意にポイントがあります。前日の事前準備としては、最低限、次のようなことを行います。

・訪問時に使う必要な書類をそろえる

・約束した訪問先に前日等事前に電話を入れておく…お客様が約束を忘れていることは意外に多いものです。行ってみたらお客様がいなかったといったことがないようにします。また、面談時の時間のロスを作らないためにも、お客様に準備しておいてもらいたいものを再確認しておきます。

・訪問先で話すポイントと応酬話法の確認…事前に何をしに行くのかを明確にしておくことで訪問の目的がブレません。結果、面談の時間がムダに長くなりにくくなります。

・内勤の事務担当者と現物に関して再確認しておく…届ける現金や、返す通帳・書類等をスムーズに翌朝カバンに入れられるようにするためです。出発前、他の担当者も準備が必要になるため、混み合うことは意外とあります。事前の打ち合わせは事務担当者のためにも有効です。

こうした工夫を毎日のルーチンにできれば、毎朝自信を持ってスタートダッシュできるでしょう。午前中に効率的に回れることができれば、午後に余裕も生まれます。いかにして午後に余裕を持たせられるかを意識してスケジュールを組み立てることも重要です。

②新規開拓活動を行う時間帯を決める

新規開拓活動は、集金や実態把握、決算書の取得といった既存先への取組みに比べ、「重要性はあっても緊急性が感じられない」部類です。気を抜いたらその活動が成立するかどうか実に危うい活動といえます。今日、明日サボったからといってすぐにダメージを受けるわけではありません。しかし、サボれば近い将来、取引先数や取引総額が先細りするのは自明の理です。サボれば「忍び寄る病魔」を抱えるようなものと捉えましょう。新規開拓活動をコンスタントにやると心に決めておかないと、日々のルーチンによる忙しさにかまけて何も取り組まないまま、しまいには「時間切れ」になってしまいます。

1日の予定を立てる場合、例えば「朝9時に支店を出発したら、午前中一杯を使って新規開拓を行う」とか「午後一番から15時まで新規開拓を行う」とか、時間帯を決めることが、着実に推進するコツです。

それには、効率的にアポ先を回れるように時間帯やエリアをまとめるように考える

必要があります。効率性に意識を持ちながら、予定を組むことも重要です。

ちなみに、新規開拓活動にまとまった時間を作るのではなく、訪問活動の効率性を考えて、アポ先と次のアポ先との地理上のルートの間で、時間の許す限り訪問するという方法もあります。また、同じような発想でアポ先と次のアポ先との間の時間で、1つのアポ先を起点に周辺をつぶす（ローラーする）ように訪問する方法もあります。詳しくは次項③で説明します。

いずれの戦略をとるかは、状況に応じて決めます。このような戦略をとればある程度の時間が読めますので、アポに支障を来す可能性も低くなりますし効率的に回ることもできます。やみくもに回って非効率になるよりは、いかに活動すれば効率的かを考えて状況に応じて工夫したほうが良いでしょう。

③既存先を回るルートに織り交ぜて新規先を訪問する

1日の活動のうち、自分の都合で動ける時間もあれば、お客様の指定で決まる時間もあります。既存先への訪問やこまごまとした事務仕事などに忙殺されて、新規開拓活動をやれそうでやれない、なかなか時間を確保できないといった現実も多く聞かれます。

でも本当にそうか、自分の活動全体を見つめてみてください。

私は前項②のように新規開拓活動をまとめて行う時間帯を決める日もありましたが、かなりの割合で既存先を回るルートに織り交ぜて行っていました。例えば一定のエリアの既存先を回るルートの中で、途中途中で新規先に訪問するような形です。この方法は私にしっくりきました。

いつしか日々の予定を立てる場合に、既存先を回るルートのどこで新規先への訪問を何件入れようかと楽しみながら考えるようになっていました。おかげさまで毎日新規開拓を推進することが当たり前になったものです。

訪問ルートを線で捉えるか、面で捉えるかは自由です。例えばアポのある既存先から次のアポのある既存先までのルート上で新規先に訪問しながら移動する方法もあります。また、アポのある既存先を中心に面でローラーして訪問し続けた後に、次のアポがある近隣の既存先に訪問するといった手法も使って、新規開拓活動を1日の渉外活動に織り交ぜます。

④1日1日のタイムスケジュールを作る

私はいまもむかしも、必ず夜寝るまでに、翌日1日のタイムスケジュールを決めています。就業時間中の予定だけではなく、起床時間から就寝時間までの1日すべてを詳細に計画します。具体的な手法は後述しますが、これを毎日行っています。

1日の流れが決まっているので、その日目覚めたときには安心感が得られます。私にとってなくてはならない必須ツールです。

作成するようになったきっかけは、既存先を回るルート上に新規先を織り交ぜた訪問活動において、あらかじめ決めたスケジュールどおりに実行し確実に成果に結びつけたいと考えたからでした。

かつて勤めていた銀行を離れて年月は経ちましたが、仕事の内容が変わったいまでも同じようなスタンスでいます。現在、多くの中小企業のコンサルティングを担い、セミナーや研修なども請け負っています。大事な仕事ばかりですから、今後もますます専門性を磨いていきたいですし、家族を含めてプライベートも充実させたいと思っています。事業を経営する立場としては、アイデアを考えたりイマジネーションを膨らませたりすることも大切にしています。

様々なプロジェクト・役割を同時並行的に動かしている中で、どれ1つとっても怠りなく進めることを自分に課しています。「できなかった」「間に合わなかった」では済まされないことばかりなので、やるべきことを実行する時間をとにかく確保しなければなりません。ですので、ノープランで日々をこなすことは難しく、1日の「ToDoリスト」に合わせて、やるべきことを時間軸で組み立てるようにしているのです。

しかし、いくら綿密に計画を立てても、予想もしなかったイレギュラーが起こることもあり、予定どおりに進まないこともままあります。当然、そのときは臨機応変に軌道修正が必要です。

「結局、予定どおりにいかないのであれば、計画なんて詳細に立てる必要なんてないのではないか」と思われるかもしれません。とはいえ、事前に予定がきちんと決まっていれば、軌道修正が必要な事態になったときに二の手、三の手を考えやすくなります。十分な計画を立てていなければ、不測の事態に右往左往してしまうような気がします。

詳細な計画を立てていれば、結果的に予定どおりに実行していることは少なくないことを私は実感しています。

金融機関の渉外活動でも同じです。多くの推進項目を抱えて業績目標の達成に追われている中で、例えば定期的に既存先を回り、同時並行的に新規開拓活動を進める毎日です。だからこそ、私は皆さんに詳細に計画を立てることを推奨したいのです。

⑤タイムスケジュールの答え合わせをする

1日のタイムスケジュールを綿密に計画するだけでは、もったいないといわざるを得ません。タイムスケジュールの計画と合わせて、「答え合わせ」を行うこともおすすめします。

毎日の最後に、その日1日のタイムスケジュールと実際の行動はどう異なるのか、振り返って赤ペンで添削します。タイムスケジュールを記載したシートに行動の結果を書き込みます。

そこから、タイムスケジュールや時間確保の見立ての甘さが分かります。やるべきことを詰め込み過ぎたり、1つの事柄に時間的に余裕を持たせ過ぎたり。そこから、自分のパターンが分かってくれば、時間設定が次第にうまくできるようになります。

慣れてくれば、不測の事態もある程度想定できるようになり、何が起こり得るのか予測できるようになります。不測だったことを自分の経験から予測できることにしていけば、臨機応変に対応できますし、タイムスケジュールどおりに実行するのが難しくなくなります。

日々様々な業務に忙殺される行職員であるからこそ、このようなタイムスケジュール設定を含めたタイムマネジメントは、重要であるといえます。

なお、以降の⑥〜⑧の項目はすぐに効果が出るとは限りませんが、取り組むことで着実に効果はあがります。鬼に金棒の方策といえるものです。

⑥支店内に協力者をつくる

前述した①の朝のスタートダッシュのために、事前準備の一環として事務担当者に協力を仰ぐことは重要なのは実感できるでしょう。支店内のだれもが忙しい中、支店内で積極的な協力を得るためには、根回しも配慮も必要です。人間はどんなに冷静であっても感情で動く生き物でもあります。ですから、積極的な協力が得られるように支店内でより良い関係を作り上げることは重要です。

私の過去の経験ですが、より良い関係性ができあがっていたことで、お願いごとでも気持ちよく対応してもらえましたし、私自身がテンパって右往左往しているような状況でさりげなく先回りをして手伝ってくれることが多くありました。

一例ですが、私の担当しているお客様が来店された際のちょっとした異変に気がついたテラーがすぐに外回り中の私に連絡をくれました。私は連絡を受けた足ですぐにそのお客様の自宅に訪問。そのおかげで、他行取引への切り替えを阻止することがで

きたのです。こうしたサポートがあるおかげで、安心して私は新規開拓活動に臨むことができました。それが効率性につながっていたというのは過言ではありません。

金融機関の仕事ではチームワークが重要です。1人で何でもできるわけではありません。素直に感謝の気持ちを持って、傲慢や打算を捨てて、人間関係を構築しましょう。リスペクトを持って「いつもありがとう」と率直な気持ちを口にすることが重要ですし、口にすれば自分自身も楽しく前向きな気持ちにもなります。

⑦外部に協力者をつくる

外部の協力者がいると、新規開拓活動が行いやすくなります。私自身、新規開拓活動のやりやすさを実感したのは、外部とのネットワークができつつあるときでした。外部の協力者が増えると、お客様の紹介も増えます。

お客様から知り合いを紹介してもらう場合に、お客様から「あなたが会いたいと言っていると話しておくよ」などのひと言がもらえれば、新規開拓活動は非常にスムーズに進みます。新規開拓はそもそもファーストコンタクトのハードルが非常に高いので、紹介によるひと言があれば第一関門の突破はグッと近づきます。

ただし、紹介対象への対応・営業推進は「諸刃の剣」です。紹介してもらったにもかかわらず、取引がうまくいかなかったときには、紹介してくれたお客様にも自行庫にも相応の損害を被ります。難しさがあるがゆえに、お客様紹介を避ける担当者もいるほどです。紹介を受けても安易に飛びつくことなく、十分な情報収集と検討を重ねて慎重に対応することで、問題が発生する可能性は低減できます。紹介案件は対応が難しい反面、新規のお客様の案件を獲得できる可能性が高いので、ないがしろにせずに慎重に取り扱うことが肝要です。

具体的には、紹介を受けたお客様のことに関心を持ち、知ろうとすることが始まりです。そのお客様のことを心底理解し、困りごとを把握するとともに望んでいることを知って解決策を模索します。紹介を受けた先であっても、手を抜かずに基本的な過程を1つひとつ積み重ねることが重要です。対話を重ねることで信頼関係を醸成し、取引の適性があるか見極めることが必要になります。

⑧完璧を追い過ぎない

新規開拓の担当者として、1つとして手を抜けない気持ちになることは分かります。

しかし、いくら完璧に計画を組み立てていても、お客様のいる仕事ですから必ずしもそのとおりに進むわけではありません。

1日のスケジューリングは、優先順位をつけて決めていくことが重要です。ただし、優先順位をもとにきっちりとした予定を立てていても、必ずしもそのとおりにいくとは限りません。うまくいかなくても、思考停止に陥らず、時にはショートカットして完璧を追い過ぎないスタンスも大切です。

「予定をこなしきれないな」と感じたら、優先順位の低いものから省略しましょう。大事な事前のアポなどを中心にしてリスケします。完璧を追い過ぎない、無理をしない。リラックスして活動しましょう。断念した予定については日を改めればいいのです。

断られ続けて自信を失っても気持ちを立て直す

第1章で登場した稲田くんがそうであったように、新規開拓活動でお客様に自分を受け入れてもらうことは容易なことではありません。

金融機関は、社会経済の血流としての「金融」という役割を担っているように、ある種の公な性質を持つ民間企業です。所属する行職員も金融機関という組織と同じように、存在を認められて受け入れられるものと思いがちなのかもしれません。ですから、新規開拓活動でお客様に断られると、少なからず精神的に打撃を受けるのでしょう。

オーバーバンキングの状況下で、1つの地域に複数の金融機関が存在しており、それぞれが地域の個人や法人にアプローチしています。どこの金融機関も似たり寄ったりの商品・サービスを提供しており、お客様からすればどこの金融機関もどこの担当者も同じであるように感じているかもしれません。誤解を恐れずに極論をいえば、「付き合う金融機関なんてどこでもよい」と思っているお客様は少なからずいるのです。

このような状況に鑑みると、一般的に初対面ですぐにお客様から受け入れてもらえる可能性は低いのです。

覚悟していても、なかなか受け入れてもらえなければ気分は落ち込みます。いつしか自分自身に自信がなくなり、場合によっては鬱《うつ》になり出勤すらままならなくなる人もいるくらいです。真面目な人ほど思い詰めて、自己否定に陥りがちです。

インターフォン越しに断られ続けることもあります。居留守を使って外の様子をうかがいながら無視を貫く先もあります。インターフォンに応えてくれてもマイク越しに「お引き取りください」「間に合ってます」といった冷たい断り文句を受けることもしばしばです。

家の中から足音を感じ「出てきてくれた！」と喜んだとたん、玄関先に出てくるやいなや「寝てるんだから静かにしてくれよ！」とインターフォンを押したこと自体を否定されたときは、さすがに私も心が折れそうになりました。

インターフォンを押した後、高確率で心をえぐられる感覚。インターフォンを押すたびに断られることで感じる嫌な思いが積み重なり、新規開拓活動自体を敬遠している人は少なくありません。

とりあえずインターフォンを押すものの、応答がなく留守だとホッとするありさま。いつしかインターフォンを押すこと自体を目的化しているような、断られることで感じる嫌な思いをしないで済むことを目標にしているような、一体何のために新規開拓活動を行っているのか分からなくなってしまっている状態。このような状態で、仕事をしている気になっていては、自分を見失うのも当然です。

自分自身を受け入れてもらえない日々が続けば、たとえどんなに自信家であっても自身の存在価値を感じることができなくなってしまいます。周りの担当者たちと比べて彼らがまぶしく見えたり、かつてやる気があった自分をなつかしんだりして、現実逃避をしてしまうこともあります。自信を失うと、自分自身がとてもちっぽけな存在に感じてしまうこともあるでしょう。

思い詰める必要はありません。思い詰めても良いことは1つもないのですから。新規開拓活動では断られて当たり前なので、うまくいかないときには開き直りが必要です。

とはいえ、気持ちが沈んでしまったままということもあるでしょう。そんなときには、思い切っていつもの活動をやめてみます。あえて自分が楽しめることで頭を一杯にして、頭の中から新規開拓活動の意識そのものを消してしまうのです。私の場合は新規開拓活動に煮詰まったときに「街の旨いもの探訪」に頭を切り替えました。

決して遊ぶわけではありません。担当エリアの渉外活動中で、午前なら〝早お昼〟と称して以前から物色していたおいしそうなランチを食べたり、午後であれば〝疲れ

た脳に糖分を〟と考えておやつを調達しに気になる店に向かったりしたものです。そうして訪問した店では、従業員や社長などと話をします。それが情報収集になり、その他のお客様との話題に一役買うことにもなります。時には、ちょっとした会話がそのまま取引関係に発展することもしばしばありました。

新規開拓に限らずですが、1つのことだけに集中しすぎてしまうと、心理的に追い込まれることがあります。頭の中に複数のチャネルを持ち、立ち行かなくなったときには別の行動にシフトしてみるのです。壁に阻まれたからといって立ち止まるのではなく、頭を別のチャネルに切り替えて進み続けることが大事。思いもよらない展開になることも少なくありません。

そして、気持ちが立ち直ったころを見計らって、改めて新規開拓活動に集中すれば前向きに動けますし、成果も出やすいのです。

ノルマというプレッシャーとうまく付き合う

民間の金融機関は、金融という社会的インフラを担う立場であると同時に、利益を追求する企業体です。銀行であれば株主へ、信用金庫や信用組合であれば会員へ、利益の還元として配当を支払います。

企業体として利益をあげる必要がありますから、金融機関は預貯金を集める一方で、融資で利ザヤを獲得し、投資信託や保険などの手数料を受け取ります。金融行政や経済動向などに則して重要推進項目は変わりますが、毎期、営業店ごと・担当者ごとに推進項目の業績目標が設定されます。

業績目標は所属する金融機関の利益構築に直結しているのですが、大局的に捉えている担当者はあまりに少ないのです。どちらかというと、業績目標は他者から与えられている「ノルマ」と認識しており、ノルマの達成と業績査定との関係性だけを見つめて活動を行っているといっても過言ではないでしょう。

第1章で登場した白須くんも例にもれずノルマに追われて、大きなプレッシャーを感じていました。そうした中、大局目線からほど遠くなり、「頭を下げてノルマさえクリアできればよい」という短絡的な思考で「お願いセールス」に走ります。数件の成果に味をしめて、お願いセールスの弊害に気づかないまま、お客様からクレームを受けるという結果に陥ってしまったのです。担当者自身としてお客様の信頼を失うだけでなく、所属する金融機関内の信用も失ってしまいました。

1996年以降に実施された金融ビッグバンにより、金融の自由化が加速し、銀行や信用金庫等で取り扱える商品は幅広くなりました。それに伴い、担当者の推進項目は増え、必要な知識の幅も広がりました。

近年では、働き方改革により残業時間が限られており、効率的に活動することが求められています。かつてに比べて、より短い時間で成果をあげなければならなくなっているのです。

このような大変なプレッシャーとうまく付き合いつつ、モチベーションを維持することは簡単ではありません。しかし、プレッシャーがあるからこそ、ある意味モチベーションを保てることもあります。プレッシャーを感じているということは真剣に向き合っている証拠ですが、プレッシャーに押しつぶされては本末転倒です。

プレッシャーとうまく向き合うには、人によって異なるかもしれませんが、私の見解では2つの要点があります。

1つは、プレッシャーに慣れることです。プレッシャーをマイナスイメージで捉えてそれから逃れようとすればするほど不都合に作用します。プレッシャーを特別に悪いものとは捉えず、常に身近にある良いものとして当たり前にしてしまいます。

実際にこんなエピソードがあります。あるベンチャー企業が大手メーカーとの参入競争で激しい攻防を繰り広げたときの話。ベンチャー企業の経営者は大手メーカーの元エース開発者で伝説のチャレンジャーとして注目されていました。普通の感覚ではプレッシャーに耐えられないほどの多額のマネーを動かすプロジェクト。脳科学者の茂木健一郎氏はその当時の経営者にある脳のメカニズムを口にしました。プレッシャーには耐性があるということです。

私の実感としても、常に業績目標に向けて活動している中でプレッシャーに慣れている感覚はありました。そのおかげかだんだんとプレッシャーにつらさを感じることなく前向きに行動できるように。プレッシャーへの耐性が本質的にいいものかどうか分かりませんが、新規開拓活動を前向きに続けられるには一種の「慣れ」が必要なのかもしれません。

もう1つは、業績目標の捉え方です。詳細は第7章で取り上げていますのでそちらに譲りますが、業績目標を他者から与えられたものと捉えると一般的に「ノルマ」として認識してしまいます。業績目標はあくまでも目的を達成するための指標として、自分で設定する基準であれば、能動的な意識で取り組めます。これでプレッシャーの見え方も変わってくるはずです。

他人に支配される世界から自分がコントロールできる世界に見方を転換して、〝自分ごと〟にできれば、プレッシャーへの耐性がつきます。自分ごとで前向きに捉えるだけで意識をコントロールでき、常時当たり前と考えられる耐性ができます。

第3章
お客様の信頼を得る姿勢や対応

お客様本位の姿勢を徹底する

本章では、「相手に必要性が生じたタイミングで相談される（対象先になる）」→「対象先が見込先になる」→「交渉を経て取引の契約に至る」までの、重要なポイントを挙げます。

まずもって取り上げたい重要ポイントは、「お客様本位の姿勢を貫くこと」です。

例えばお客様との間である程度関係性が醸成されてくると、「そろそろ契約してもらえるのではないか」と期待したくなります。そこで、多くの担当者は商品・サービスの説明をせっせと始めてしまいがちです。

しかし、お客様からすると、「押し売り」をされているように感じられて、結果的にはうまく契約に結び付かないことがほとんどです。せっかく心を開いてくれていたにもかかわらず、それまでの関係性が一気に壊れることも少なくありません。

商品説明を行いたい気持ちになっても、相手が言い出すまでグッとこらえましょう。そして、自分や自行庫の利益はひとまず横に置きつつ、第一にお客様の利益を真剣に考えます。

常にお客様本位の姿勢でいれば、お客様は「この人は信頼できる人だ」と認識してくれるものです。そもそもお客様に警戒心がある状態からスタートしている関係性ですので、自分本位や金融機関本位で臨んでしまうと、動物的感覚で察知されます。自分の利益につながることに誘導したり、自行庫の都合の良いようにごまかしたりすれば、間違いなくそうした目論見は察知されて、お客様の気持ちは離れてしまいます。

友人関係に照らして想像してみてください。自分の要望ばかり口にする相手と有効な関係は継続するでしょうか。いつも要望ばかりを押し付けられていれば、あなたもいつしか「自分のことばっか言って！ふざけんな」などと感じて、その友人とは距離を置くのではないでしょうか。

それと同じようなことをビジネスの現場で、お客様に対して行ってしまいがちなのですから不思議です。お客様との信頼関係も、プライベートでの身近な人との信頼関係も同じだと認識しましょう。

信頼関係は日々の積み重ねによって構築されますが、壊れるときは一瞬です。「今回は許してやるか。しょうがねぇなぁ」という譲歩もあることはありますが、ビジネスでの関係性のほうがプライベートな関係性よりもかなりシビアといえるでしょう。

もっとも、金融機関が取り扱う商品・サービスは、どこの金融機関をとっても大差ありません。ですから、お客様が金融機関を選ぶときには「ヒト」を重視することになるのです。「自分のことを第一に考えてくれる」担当者がいれば、お客様は当然に頼りたいと思うのです。

こう考えると、お客様の都合を考えずに、真っ先に商品説明することはなんと愚かなことか、腑に落ちることでしょう。

前もってお客様の情報を入念に収集する

以下の①～②を実現するために、前もってお客様の情報を入念に収集します。

①自分自身の渉外活動の助けにする

何を推進しようかを当初想定するうえでも、どんな課題を抱えているか仮説を立てるうえでも、事前にお客様情報を入念に収集することは欠かせません。また、事前にお客様の情報を何かしら把握しておけば、比較的スムーズに会話を展開することも可能です。質問の抽斗《ひきだし》を多くしたり、お客様の話や表情のちょっとしたニュアンスを見逃しにくくなったりといった効果も望めます。

できる限り入念に情報収集をしておけば、その後の渉外活動の助けになるということです。忙しい中で手を抜きがちになりますが、こうした有効性を意識して習慣化するとよいでしょう。

事前の情報収集は、様々なルートで行うことができます。

法人の場合は、例えば行内情報をはじめ、当該法人の公式ホームページやSNS、東京商工リサーチ・帝国データバンク等の信用情報（企業情報）などのルートがあります。代表的なルートをいくつか挙げて、どんな情報が得られるのか、以下にまとめます。

・公式ホームページ…本店所在地や事務所の数、設立時期、資本金、代表者名、事業内容、取扱商品、主要取引先、取引金融機関など
・東京商工リサーチや帝国データバンク等の信用情報…決算状況や業況に関するコメントなど
・『業種別審査事典』（金融財政事情研究会）…業種別の動向や業務・取扱商品、決算平均値など（前記の信用情報と比較する材料としても活用できる）
・『TKC経営指標（BAST）』（TKC全国会）…業種別の決算動向や成果配分・収益性を示す指標など（前記の信用情報と比較する材料としても活用できる）

その他、地元の評判や得意先・仕入先の評判も有効な情報になります。

個人の場合は、法人に比べると情報収集のルートの幅は少ないですが、例えば行内情報の他、ブログやSNS、不動産登記簿などがあります。事前に調べられる情報量が比較的少ないので、住居や自動車などの様子をチェックすることも重要になります。ただし、前もって収集したお客様情報の取扱いについては、以下のような留意が重要です。

1つは、事前情報から推進する商品・サービスをある程度想定しますが、それを決

め打ちでアプローチに臨まないことです。あくまでも想定ですので、面談を通じて最適な商品・サービスを見極めていきましょう。

もう1つは、面談時に「あなたのことをこれだけ多く知っている」ということをひけらかさないことです。前のめりで語るスタンスではなく、事前に収集した情報を確認していくスタンスで、お客様にできるだけ多く話してもらえるように仕向けます。

場合によっては、知っている情報でもあえて知らないふりをしてお客様から聞き取ることも大切です。そこで興味深い様子で話を聞けば、お客様に興味・関心を持っている姿勢を見せることができます。

法人の場合は、一般に公表されている情報が多いので、ある程度前もって調べていることを見せれば、「よく知っているね」「当社のことを考えてくれているんだ」などと感心してもらえます。逆に、何でもかんでも質問すれば、「そんなことも知らないのか」「少しは調べてこいよ」などと呆れられてしまいます。ですので、相手のタイプや状況に応じて、会話をコントロールする必要があるでしょう。

「御社のことは何でも知っている」という姿勢や知ったかぶりばかりをしていると、必要な詳細情報を把握しづらくなります。

一方、個人の場合は、ろくに面談の機会を持っていない段階で、担当者があれこれお客様のことを話すのはお客様からすると良い気持ちがしません。あまり知らない人から自分の個人的な情報をべらべら話されたら気持ち悪く感じるでしょう。これと同じことです。

前もってお客様の情報を調べる本来の目的は、お客様に「あなたのことを知っている」ということをアピールすることではありません。あくまでも「どんな課題を抱えていそうか」「どんなことで役に立てそうか」「どんな商品・サービスが合いそうか」などを大枠で想定しておくためであることを十分に意識しましょう。

②反社会的勢力や経済制裁対象者との取引を排除する

反社会的勢力や経済制裁対象者（以下、反社等）との取引を排除するためにも、事前にお客様情報をできるだけ収集することは重要です。反社等との接触自体、できれば避けたいものなので、より多くの情報を収集したうえで、反社データベースに照合するとともに、担当者は当該お客様について何か不自然なことはないか、つじつまの合わないことはないかといった視点でお客様の情報を眺めてチェックすることが肝要です。場合によっては、地元の警察や商工会議所などに照会をかけることも重要になります。

ただし、事前に収集できるお客様の情報は限られているので、完全に反社等を見抜けないこともあります。実際に面談することで得られる情報のほうが圧倒的に多いので、その中に反社等を疑うような要素があれば、すぐにアプローチをやめます。

例えば「あやしい人が出入りしている」「相手の身なりが過度に派手である」「初対面でいきなり融資の依頼を受ける」といったことには警戒しましょう。場合によっては、すぐに面談を切り上げたほうが良いかもしれません。

特に、初対面での融資依頼には取引獲得のために気持ちがはやるかもしれませんが、冷静に「うまい話はない」と思って話を切り上げて、上司に相談のうえ慎重に対応しましょう。

様々な外部機関と仲良くなってお客様への支援を重層化する

新規開拓活動とともに、提携する外部機関との関係構築活動を行うことは重要です。お客様からの相談対応や自身が分からない知識についての質問、地域に関する情報収集などのためにも、外部機関とは日ごろから親しく話ができるようにしておくとよいでしょう。

場合によっては、お客様のところへの同行訪問などで協働することが求められます。また、自行庫や自分自身だけでは対応できないことがあっても、何かしら協力してもらえる可能性はあるので、関係性は大事にする必要があるのです。

関係性の強化については、定期的に訪問するなり、電話やオンライン会議などを行うなりすることが有効です。以下のような外部機関と積極的に直接接点を持って情報共有するなどして関係性を強化しておき、お客様との相対において何か課題や問題があったときに迅速に臨機応変に対応できるようにしましょう。

◎士業（弁護士、中小企業診断士、税理士、社会保険労務士等）

個人開拓であっても法人開拓であっても、士業を営む専門家と協力することは重要です。個人であっても法人であっても、税金や年金、労務、法務などに関わりがあり、そうした知識は金融機関の担当者として金融取引を継続・展開するうえで欠かせません。その道の専門家である士業の力を借りる状況としては、自分自身が不足する知識を得たり、力を必要とするお客様に紹介したり、お客様の相談対応に同行訪問してもらったりといったことがあります。

各士業の人たちは担当するお客様を抱えていますから、金融機関の担当者が行う新規開拓活動の対象先を紹介してもらえることも期待できます。

士業の人たちへの定期的な訪問や連絡以外の、関係性強化策としては「勉強会の実施」があります。分野の異なる士業の人たちを集めて、1つのテーマで研究したり、情報交換したりします。これにより、パイプは強化され、連携チームが形成されます。こうした勉強会のグループでは「1分野1専門家」としたほうがうまくいくでしょう。

もちろん、金融機関の立場としては自分自身1人です。士業という専門家に対する顔が広ければ、お客様から唯一無二の質問・相談窓口として認めてもらえることは請け合いです。

◎信用保証協会

個人事業主や法人などの事業者は、信用保証協会の信用保証付融資（以下、マル保融資）を活用することが多くあります。多くの活用ニーズもあり、金融機関担当者の新規開拓活動の場でも説明・提案する機会は少なくありません。お客様からマル保融資について質問や相談を受けることもあります。

もっとも、マル保融資を実行するにあたっては、信用保証協会と金融機関が協働することが不可欠です。よって、金融機関の各担当者が信用保証協会の機能をうまく活用する一方で、担当者ベースで関係性を強化することは重要になります。

そのための有効な取組みとしては、金融機関の担当者が信用保証協会に対して、保証枠の事前確認をしたり、新しい保証制度の要件や内容などを聞き取ったりして接点を多く持つことが大切です。ましてや、マル保融資の実績を積み上げて地域でトップクラスの実行を誇ったり、対象企業の情報量の多さや確かさを信用保証協会に認めてもらったりすれば、信用保証協会からの信頼は高まり積極的な情報提供や協力を得ることも可能となります。

このような効果を意識してマル保融資に取り組むことで、お客様からの信頼も融資実行の実績も自ずと向上していきます。

◎商工会議所・商工会

商工会議所や商工会と直接つながりを持つことも有効です。

商工会議所とは、商工会議所法に基づき、地域の事業者と地域を活気づけることを目的に組織されている非営利経済団体です。個人事業主や中小零細・大企業に対して、経営相談や共済制度の紹介・提供、人材不足を解消するジョブ・カード制度（職業訓練を通じて必要な人材を育成・確保できる制度）のマッチング支援、企業同士の交流会、グローバルビジネスへの対応など、様々なサービスを提供しています。

商工会が、地域の事業者や地域の発展のために活動することは、商工会議所と変わりはありません。ただし、設立の基礎となる法律は異なり、商工会法です。小規模事業を限定的に対象にしているのも異なります。事業者に対する支援は商工会議所と同じようなものですが、限定的といえます。

共通項として重視すべきは、経営相談員が常駐し経営者の相談に乗っていることです。

金融機関として、資金面に限らず本業支援を重視する中で、商工会議所や商工会と協働して、地域の事業者を支援することは重要となります。そのうえで、商工会議所

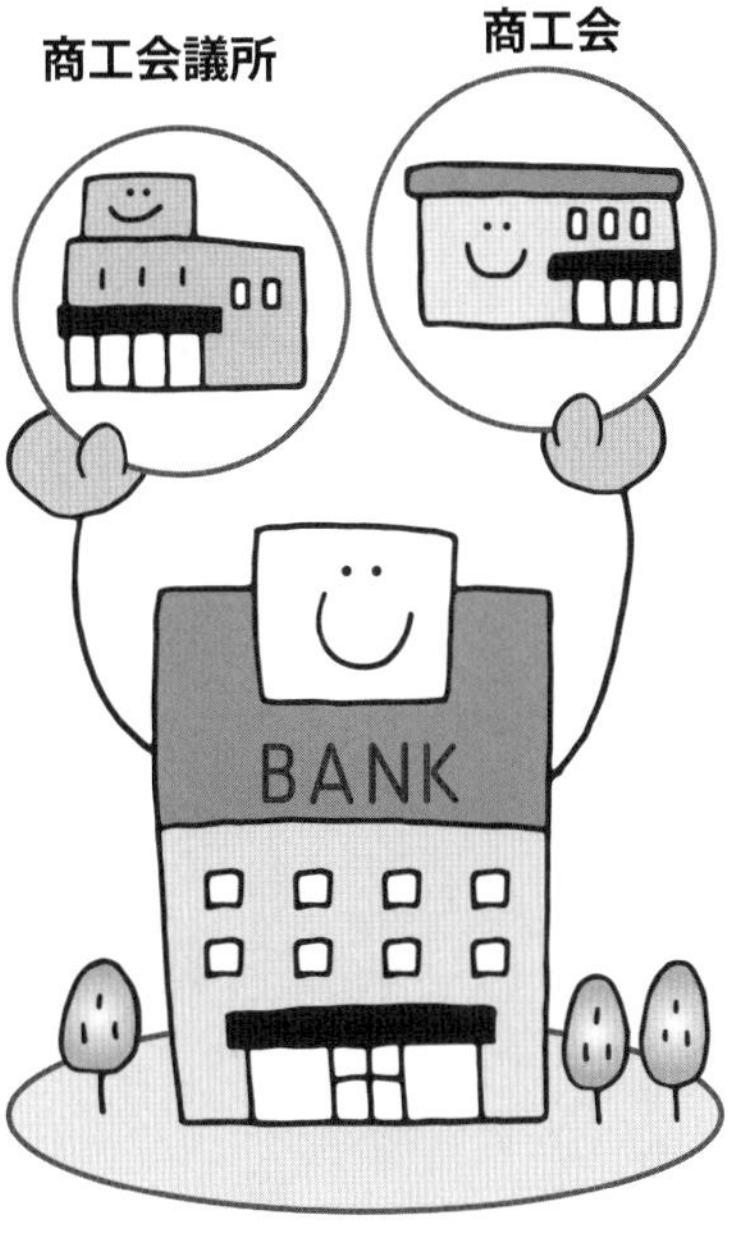

や商工会との関係性を強化しておき、スムーズに地元企業をサポートする意味はおおいにあります。

特に、商工会議所や商工会では、国の施策である小規模事業者持続化補助金といった制度をサポートしていますので、金融機関としてはお客様に制度を案内したり申請をサポートしたりといった取組みが重要です。商工会議所や商工会との連携がスムーズであれば、補助金等申請のサポートが十分にできます。

商工会議所や商工会とのパイプがあれば、公的な制度の紹介や申請サポートが強みになります。また、創業者情報などが商工会議所や商工会に集まるので、そうした情報を得ることができます。これら2つの団体との連携の強みがお客様に伝われば、何かあったときに相談対応してもらう可能性も高まるでしょう。

◎都道府県等中小企業支援センター

各都道府県や各政令指定都市には、中小企業の事業展開の助けとなる相談窓口が設けられています。そうした相談窓口の担当者と面識を持っておくことで、お客様からの相談に幅広く対応できる「駆け込み寺的存在」を持つことになります。また、本業支援や事業再生支援などの業務において何か疑問や不安があれば、あるいは公的な支援制度の内容に分からないことがあれば、頼りにできます。

参考までに、全国の都道府県および政令指定都市に設置されている中小企業支援センターの連絡先一覧が掲載されている中小企業庁のホームページのURLを紹介します。地元の中小企業支援センターの名称をクリックすれば、各ホームページに飛ぶので便利です。

・中小企業庁：都道府県等中小企業支援センターのURL
https://www.chusho.meti.go.jp/soudan/todou_sien.html

私の地元である千葉県を例に挙げると、県には「公益財団法人千葉県産業振興センター」、政令指定都市の千葉市には「公益財団法人千葉市産業振興財団」が設置されています。

一例として、千葉県商工労働部所管の外郭団体である公益財団法人千葉県産業振興センターを見ると、県や国の中小企業振興施策の実施機関として、中小企業が抱える売上拡大や技術開発、取引拡大、生産性向上、事業承継、人材採用といった様々な課題を解決するため、豊富なメニューでサポートしています。

【主な支援メニュー】

◆創業・経営相談…チャレンジ企業支援センター事業（無料で経営相談したいというニーズへの対応）／千葉県よろず支援拠点事業／専門家派遣事業／ベンチャークラブちば「ビジネスプラン発表会」（ビジネスパートナーを探したいというニーズへの対応）

◆売上拡大…中小企業販路開拓総合支援事業（自社製品を売り込みたいというニーズへの対応）

◆取引先開拓…取引あっせん事業（新たな取引先を見つけたいというニーズへの対応）／受発注情報／各種商談会事業／下請けかけこみ寺

◆製造・技術開発…新事業・新産業創出支援事業（新商品・新技術開発の課題を解決したいというニーズへの対応）／中小企業知財活用支援事業／医療機器等開発・交流拠点創出事業／東葛テクノプラザ管理運営事業

◆人材採用・育成…ジョブカフェちば（人手不足の解決や従業員のスキルアップをしたいというニーズへの対応）／プロフェッショナル人材戦略拠点事業／中核人材育成事業

◆情報収集…千葉県産業情報ヘッドライン（支援策をタイムリーに知りたいというニーズへの対応）／各種セミナー事業（経営関連のセミナー・研修に参加したいというニーズへの対応）

◆助成金メニュー…創業支援／事業承継支援／新商品・技術開発助成／行動・成長研究開発助成／中小企業等外国出願支援／地域特性等活用開発助成／ちば農商工連携事業支援基金／市場開拓助成

金融機関の担当者であれば、事業者から様々な相談を受けることがあります。相談に対し真摯かつ十分に対応しなければ、信頼関係は構築できません。担当者によっては対応できない・対応に手間のかかる相談を恐れるあまり、対話もおざなりになる負のスパイラルに陥ってしまいます。

都道府県等中小企業支援センターの前述したような支援事業の大枠を把握して、お客様に公的な支援事業の存在を紹介して都道府県等中小企業支援センターに引き継ぐという「出口」を持てれば、自信を持って積極的に相談に乗ることができます。スムーズな紹介や引継ぎのためにも、都道府県等中小企業支援センターといった相談窓口を武器の1つとして持っておくことは強みになります。

◎青年会議所

青年会議所を活用することも有効です。金融機関や営業店によっては自行庫の行職員が参加していることもあると思います。青年会議所とは、20歳から40歳までの「青年」で構成され、「修練」「奉仕」「友情」の3つの信条のもと、より良い社会づくりを目指し、ボランティアや行政改革等の社会的課題に積極的に取り組んでいる組織です。

青年会議所には様々な立場の若者が参加しており、中には創業者や後継者である次世代経営者が参加していることも少なくありません。青年会議所の活動に参加することで深い信頼関係が構築しやすくなるので、事業に関する重要な情報を得たり相談をされたりすることが多くなります。

参加の機会があれば、積極的に参加して情報収集や関係性強化、人脈づくりなどでうまく活用することは金融機関の担当者としての差別化につながります。

お客様もはっきり自覚していない課題を会話で発掘していく

お客様のニーズを明確にする前に、何がお客様の課題になっているのか察知して明確にすることが重要です。お客様の課題は属性や家族構成、資産、環境などからあらかじめ類推することができます。それをもとに会話を始めることは効率的ですが、お客様が本当に課題としていることが類推した課題と必ずしも同じわけではないので、情報収集しながら課題を明確にしていきます。

普通預金の取引しかない準新規の高齢夫婦へのアプローチを例に、どうやって課題を明確化していくのか見ていきます。自宅の築年数を調べてリフォームニーズがあるかもしれないという仮説を持って訪問し、在宅していた妻と会話します。会話のポイントも述べますので、合わせて確認してください。

担当者「本日はお時間をちょうだいいたしましてありがとうございます。私はこの周辺を回ってお宅の前をよく通るのですが、この街はむかしから閑静な住宅街だったんですか」（←住宅の築年数が長いので、むかしから暮らしていると見込んでいる。近隣に新築が多いことは分かっていてもあえて遠回しに聞いて、前広に回答を得られるようにしている。姿勢としては、いろいろと教示してもらいたいことを示す）

お客様「そうね…、むかしはこんなに家は建っていなかったのよ。家はポツンポツンとある感じで、うちの周りは畑だらけだったわ。だいぶ変わって、最近新しい家が増えてね。若いご家族をよく目にするわ」

担当者「そうなんですね。最近はお子さんたちの姿も見られて、賑《にぎ》やかで活気があるのではないですか」（←活気のある街に暮らしていることを連想させる前向きな言葉を並べる）

お客様「周りの家に比べると、うちの古さが目立つわ。古くからのご近所さんはいなくなってさみしくもあるのよ」

担当者「古いなんてとんでもない。ご自宅の前のお庭はいつも丁寧に整えられていて家もお手入れが行き届いているじゃないですか。ここまでお庭を立派にするには時間も労力もかかっていますよね」（↑古い家に謙遜しているお客様に対し、長く住んでいるからこそ落ちつく雰囲気の家や立派な庭になっていることをさりげなくほめる）

お客様「植木屋さんにお願いもしているんだけど、夫がマメに庭を手入れしているのよ。もう年だし、ケガされても嫌だからほどほどにしてほしいわ。最近なんて、近くに住む孫のために角に砂場を自力で作ったりして、困っちゃう」

ここまで築年数の長さからリフォームニーズを仮説として、頭の片隅に置きながら会話を展開しました。しかし、リフォームの悩みの話は出ずに、孫の話題になったのです。話題が変わりましたので、当初の仮説はひとまず置いておいて孫の話を中心に展開します。

担当者「お孫さんはお近くにお住まいなんですね。よく遊びにいらっしゃるんですか」

お客様「来るのは週末よ。孫は女の子なんだけど、幼いながらたくさん習い事をしていて忙しいみたい。今度、ピアノの発表会があるんで、猛練習中らしいわ」

担当者「ピアノの発表会、楽しみですね。特別な衣装とか準備されているんですか」

お客様「フリフリのね。身体がすぐに大きくなるから、着られるのは1回だけかもしれないけど、こればっかりはね。衣装はそれなりにかかるけど、孫も着るのを楽しみにしてるのよ」

担当者「お孫さんはピアノがお好きなんですね」

お客様「好きなんでしょうねぇ。将来はピアノの先生になるんだ、なんて言ってるのよ。まだ気は早いけど音大とか行くのかしらね。ああいう芸術系の大学の授業料は高いって聞くけど」

担当者「そうらしいですね。受験勉強に本格的な先生に付いてレッスンするのもそれなりにかかるらしいですね。でも、もし将来、お孫さんが有名なピアニストになったらすごいですよ。楽しみですね」

お客様「うふふ。まあ、夢みたいな話よね。でも、親である息子の仕事が不景気らしいのよ。お給料を減らされて。習い事のお金だって馬鹿にならないし。私たちが何とか助けてあげたいと考えてもいるけど」

担当者「そうですか。お孫さんの夢も叶えてあげたいですよね。良い方法はいくつかあると思います。調べてみますので、今度また詳しくお話を聞かせてください」

お客様「ありがとう。今度相談に乗ってね」

リフォームニーズをひとまず横に置いておいて、お客様の大事な孫の話に移行することで幅広く情報を得ることができました。まとめると次のような内容です。

・お客様の自宅の近隣は若いファミリー世代が増えている
・夫は庭いじりが好き
・庭の維持に相応の費用がかかっている
・孫（女の子）がいる
・その孫は息子の子どもで、家族で近所に住んでいる
・孫は週末に遊びに来る
・孫は習い事をかけ持ちしていて、その１つがピアノ教室
・孫はピアノの発表会を控えている
・孫のピアノ発表会を楽しみにしている
・ピアノの発表会の衣装は高価
・孫の将来の夢はピアノの先生

・孫はいずれ音楽大学へ進学する可能性もある
・息子は仕事で苦戦しており、親として息子の収入を心配している
・息子家族への資金援助も考えている
以上から、お客様の最大の関心事は孫や息子家族の将来であり、課題はその教育資金や生活資金の援助であることがうかがえます。お客様自身、この時点で課題として明確に認識しているかどうか分かりませんが、息子家族への資金援助についてさらに詳しく話を聞いたり有益な情報を提供したりすることでしっかりと自覚するようになるものです。

そうなれば、お客様は少なからず担当者の訪問を楽しみにしてくれるようになり、訪問を重ねることでお客様のニーズも次第に明確になっていきます。金融機関として支援できることを伝えて喜んでもらえれば、取引締結はもうすぐです。

仮説を立てながら真のニーズを見極めて提案につなげていく

お客様の「真のニーズ」は簡単に把握できるわけではありません。信頼関係を構築していく中で、お客様は自身の情報をだんだんと明かしてくれて、次第にどのようなニーズがあるか判明されることがほとんどです。

だんだんとニーズが明らかになっていく中で、どんな提案ができるか、どのような商品・サービスが勧められるか、あらかじめ検討しておくべきです。最適な商品・サービスは何かをある程度仮説しておき、それを軸にして真のニーズを探っていきます。

この際に想定した商品・サービスは勧めるために考えておくのではありません。最終的には別の商品・サービスが選定されるのがほとんどです。あらかじめ想定していた商品・サービスはあくまでも1つの目安です。十分に検討せずに、お客様の要望もなく、商品・サービスありきで一方的に案内すれば、それは押し売りになってしまいます。

前項の例でも述べましたが、アプローチする先を抽出する際から、仮説を立てます。行内情報や外部情報等に基づいて、例えば定期預金の推進を想定して普通預金の取引しかないお客様を、リフォームローンや住宅ローンの推進を想定して一定の築年数を超えている住宅を保有するお客様をピックアップします。そのように想定しておけば、実際に訪問したときの会話で助けとなります。

アプローチを始めるお客様への切り出し方から課題の探り方まで、前項で紹介した事例のように展開します。課題の形をある程度捉えたら、その課題を解決する適切な方法や、真のニーズを具体的に把握します。真のニーズを追求し、真のニーズを実現できる有効な情報や自行庫の商品・サービスは何かを検討していきます。

繰り返しになりますが、真のニーズを捉える段階でも提示・提案する商品・サービスは考えておきますが、すぐに商品説明することを目的に想定するわけではないと肝に銘じてください。真のニーズの明示と取引の決断について、お客様がイニシアチブを握っているのです。

お客様の話を十分に聞いてみないと、どのような真のニーズを抱えているのかは分かりません。例えば築年数の多い住宅に住んでいれば、「リフォーム資金も賄える住宅ローンなら、条件的に可能性が非常に高い」と想定していたとしても、話を聞いてみたら現在返済している住宅ローンは親戚が勤める銀行から借りていて、どうしても切り替えられないということが判明することもあります。一方で、まったく想定していなかった情報として、大学受験を控えた子どもがいて教育資金に不安があるといった話が出ることもままあります。

自分の欲が出てきそうになってもグッとこらえて、仮説を持ちながら臨機応変に会話を展開し、冷静に真のニーズを見極めることが大事です。

商品・サービスの説明ではモノではなくコトを中心に話す

会話を重ねることで真のニーズを探り、対象となる商品・サービスが見極められつつあっても、何の前置きもなくその内容を説明すれば、お客様は商品・サービスを突然売り込まれた印象を持ちます。この段階までせっかく良い関係性を築いてきたにもかかわらず、お客様の気持ちは急に冷めてしまいます。

いきなり売り込まれた印象を持てば、抵抗感が芽生えるものです。例えばアパレルショップに服を買いに行ったときを想像してみてください。気に入った服があれば購入するつもりで選んでいるにもかかわらず、店員があなたのイメージしている服を聞き取るやいなや決め打ちして特定の商品を提示してきたら、どんな印象を持ちますか。

それまで自身のニーズを話していても、そのことの印象は消え去り、「結局、この店員は服を売りつけたいんだな」と思ってしまうのではないでしょうか。その商品が気に入らなければ、結局買わずに立ち去ることになるかもしれません。

一方、住宅展示場のモデルルームでの出来事。キャラクターショーや大型バルーンの遊具もあるため、軽い気持ちで子どもを連れて来場した夫婦が、35年にわたる住宅ローンが必要になるにもかかわらず戸建ての購入を決めるといったことがあります。決め手は、間取りや設備の機能性の良さはもちろんですが、案内するスタッフが幸せで快適な暮らしを想像させるようなことを徹底して話したことです。

「ヒトは契約（購入）を決断するに際し、そのモノを使ってどのようなコトが実現できるのか」を重視します。言い換えれば、契約を獲得するためには、商品・サービスというモノを前面に押し出して案内するのではなく、そのモノを使ってどんなコトを実現できるのかを説明することが重要というわけです。

具体的には、お客様の課題を絡めて商品・サービスにつながるまでのストーリーを描いてあげます。以下のようなトークの骨組みで展開するとよいでしょう。

「私はお客様が課題と位置づける○○を解決できれば、△△を実現できると考えています。そのために、こちらは何を提供できるかイメージしているところです」

↓

「○○という課題に対しては□□といった機能が効果を上げることが予想され、結果△△が実現できるというわけです」

↓

「こう考えていくと、□□機能を持つ◇◇というサービスがお客様に適しているのではないかと私は考えています」

実際の説明トークを考える際には、「お客様にはコト（課題解決した後の事実）を提供すること」を念頭に置いてみてください。

このようなトーク展開に慣れるまでは、お客様に話す前にロールプレイングで先輩や上司にチェックしてもらうとよいでしょう。当初はどうしても「取引を獲得したい」「実績が欲しい」という心理が見え隠れしてしまうものです。同じような経験をしてきている先輩や上司から指摘してもらうことで、自分では分からないお客様目線の意見をトークに反映できるようになります。

契約直前まで進んでも慌てずにお客様の対応を待つ

前項で述べたように、実現できるコトを中心に話を進めていけば、高確率で案内する商品・サービスの必要性を実感してくれます。そのまま順調に契約に結び付けばよいのですが、必ずそうなるとは限りません。契約までにかなりの時間がかかることがあります。

契約は、最後の最後までお客様の都合次第なのです。お客様の検討の結果、「利用したい気持ちはあるけど、家庭の事情でいまは難しい」とか、「絶対に必要なものだから契約することにはなるけど､予算の問題で今期ではなく来期で考えている」とか、言われることはままあります。

そうなったら、とにかくお客様の状況が整うまで待つしかありません。私は「観覧車に乗った人を待つ」くらいの余裕が重要だと考えています。観覧車のゴンドラに乗ったら下に降りてくるまでゴンドラから出ることはできません。でも、事故でもなければ必ず下に降りてきます。ゴンドラが1周回って地上に降りてくるように、契約直前（ゴンドラ乗車）まで来ていればいつかは契約（地上）に至るでしょう。

ただし、何もせずにただ待っていてはダメです。契約直前になったことに甘んじることなく、お客様との接触機会をコンスタントに持って、契約のタイミングを逃さないようにフォローすることも重要です。

それと同時に、別のお客様の案件獲得に向けて、契約直前の段階のお客様を増やしていきます。観覧車のゴンドラが次々と地上に来るように、時期が来れば次々と契約が続くかもしれません。このような状態ができあがっていれば、サボらない限り契約獲得は続きます。きっと、新規開拓活動が楽しくて仕方なくなるでしょう。

私もかつて、「契約したい」と言われてすぐに契約になると思っていたところ、なかなか返事がもらえないといった経験があります。結果、時間はかかりましたが、「以前ご提案いただいた○○でお願いします」とやっと契約の回答をもらえたのです。

最終的に契約に至らない案件もあるかもしれませんが、落胆することなく前向きに考えましょう。いちいち立ち止まっていてもバカバカしいので、次の行動に移します。

〈参考〉ＡＩＤＭＡの法則のM段階での活動がキモになる

これまで述べてきた契約に至るまでの流れは、ＡＩＤＭＡ（アイドマ）の法則に当てはめて説明することができます。その前に、ＡＩＤＭＡの法則について簡単に紹介します。

ＡＩＤＭＡの法則とは、消費者の購買活動における心理プロセスで、以下の５つのステップで構成されます。

◎ Attention（注目）

商品・サービスについて認知し、注目している段階です。「知っている」「前に見たことがある」といった消費者心理が働きます。

↓

◎Interest（興味・関心）

商品・サービスに興味を感じ、期待を抱く段階です。「面白そう」「実際を見てみたい」といった消費者心理が働きます。

↓

◎Desire（欲求）

商品・サービスの特徴を認識し、購入への欲求が芽生え出した段階です。「いいな」「欲しいな」といった消費者心理が働きます。

↓

◎Memory（記憶）

商品・サービスを記憶し、購入時期を検討し始める段階です。「今日の帰りがけに、買いに行こう」「ボーナスが出たら買おう」といった消費者心理が働きます。

↓

◎Action（行動）

商品・サービスの購入を決意して、購入のために具体的な行動を起こす段階です。「さあ、買おう」という消費者心理が働きます。

各ステップの頭文字を取って、ＡＩＤＭＡと呼ばれています。この法則は、マーケティングを考える際によく使われるフレームワークです。

では、前項までで述べてきた契約に至るまでをＡＩＤＭＡの法則に照らして、お客様の心理活動の傾向を見てみましょう。

◎Ａ：**注意**…金融機関の利益を顧みず、まずもって親身に考えてくれる担当者の人となりを信用している

↓

◎Ｉ：**興味**…課題を聞き取ってくれて解決方法を見つけてくれた。その解決方法がとても気になる

↓

◎Ｄ：**欲求**…課題を解決して実現できることを明示し、実現できる方法として商品・サービスを紹介してくれた。ぜひ欲しいと考えている

↓

◎Ｍ：**記憶**…自分の都合ですぐに契約はできないが、担当者は定期的に有益な情報

を送り続けてくれている。とてもありがたい

↓

◎A：購買…ようやく契約ができる状況になった。担当者と交渉を重ねて、契約締結ができた

担当者は一般的に、A↓I↓D↓M↓Aの流れの中で、D（欲求）までたどりつく

と安心してしまいがちです。しかし、M（記憶）を経ないとA（購買）にはたどりつきません。M の段階が長いか短いかは案件によって異なりますが、前項で説明した「お客様を（観覧車に乗っているために）待つ状況」はMの段階に当てはまります。ですから、Dの段階で芽生えた欲求が消えないように、定期的に接点を持って継続的に情報提供することが重要となります。

「でも、あまりアプローチしてしまうと嫌味になってしまう」などと考える人がいるかもしれません。実際には、そのようなお客様との間合いを重視して、何もしないまま「返事待ち」をしている担当者を多くみます。

むしろ、お客様のことを考えているからこそ、M（記憶）の段階で有用な情報を提供することが重要なのです。嫌味になることはなく、逆に喜ばれます。お客様をD（欲求）までの心理にしたうえ、提案に喜んでもらったという自負があるのなら、最後までお客様に付き合ってA（購買）に導いてあげましょう。目に見える成果がなかなか出なくても、「やるべきことをやるべきときにきちんとやっておく」ことで〝その時を待つ〟のです。必ず〝その時〟は訪れます。

金融機関では、数年で異動や転勤があることが一般的です。それはお客様も知っていて、「取引を始めても、この担当者は数年でいなくなる」ことを念頭に置いています。しかし、前述したような取組みを十分に行い取引する中で、お客様にとって「特別な担当者」になれれば、たとえ異動になっても転勤してもお客様との関係性は続きます。

実際、私が転勤しても連絡を直接くれるお客様はいましたし、前の支店のお客様が「近くに来たから」とわざわざ土産を持ってきてくれたこともあります。

たとえ直接のつながりがなくなっても、「あの特別な担当者が所属する金融機関」として末永く取引を続けてくれるかもしれません。

担当者の1人として将来にわたる関係性をお客様と作れるように、できるだけの工夫と努力を行ってみてください。

第4章

活動における計画の有効性と立て方

新規開拓活動においてはしっかりとした計画策定が重要

新規開拓活動は、やみくもに行っても、成果はなかなかあがりません。コンスタントに成果をあげるには、事前に計画を立てて活動することがとても重要です。新規開拓活動はまさに長期戦です。短期間で契約までたどりつこうとすると、焦りが生じ「契約を獲得したい」という気持ちが前面に出てしまい、逆にお客様の気持ちは離れて一向に契約は取れないという負のスパイラルに陥ります。新規開拓活動は、とりわけ焦りは禁物で、腰を据えてじっくり計画的に取り組んでいくことこそが無理なくコンスタントに成果をあげる最大の近道といえます。

「計画なんて立てても、どうせそのとおりにならないんだからムダ」「ただでさえ忙しいのにいちいち詳細に計画なんて立てていられない」などと思われる人もいるかもしれません。確かに計画をしっかり立てても、そのとおりにいかないことはあります。

しかし、計画とはそもそも目標や方針、予測といったことに基づいて、実現したいこと・実現可能性の高いことを道筋を立てて表すものともいえます。それを怠れば、行動の方向性があいまいであるために、途中でやることがあちこちにぶれてしまったり誤った方向に進んでしまったりする可能性があるでしょう。

また、計画を立てる際には、長期的・中期的・短期的な視点で先のことを考えることになります。このような視点になることで、自身の行動を俯瞰《ふかん》してみることができますし、合理的に考えることができるのです。

「先のことはだれにも分からないんだから、そのときどきのベストを尽くせばいい」と開き直って、いきあたりばったりで行動していると、何かイレギュラーなことが起こっても真剣に対処を考えずに、「しょうがない。自分のせいじゃないし」と無責任に放棄してしまいがちになります。このような姿勢は、職場の周りの人だけでなくお客様にも見透かされ、厚い信頼は得られないでしょう。

新規開拓の推進を任されている担当者であれば、所属金融機関・支店において業績目標を設定されていることが多いでしょう。しかし、それを達成する方法や道筋は明確に示されるわけではありません。当然、自分自身で考える必要があります。このような意味でも、各担当者は自分が行う営業推進についてしっかりと計画を練ることが重要になるのです。

セルフマネジメントにおいては、ＰＤＣＡサイクルが有効であるといわれます。ＰＤＣＡサイクルとは、Plan（計画）→Do（実行）→Check（評価）→Action（改善）のサイクルを繰り返すことで、継続的な業務の改善を促す技法です。

起点となるのは計画であり、継続的に業務を改善していくには計画の後に、実行→評価→改善と続けなければならず、その３段階を経なければ再度の計画策定において最適化することはかないません。

ですから、いったん計画を立てればそれで良しというのではなく、実行→評価→改善を通じて修正・変更すべき点を探しておき、次の計画策定に役立てることも重要になります。

「数値計画」「行動計画」でセルフマネジメントを行う

事業における経営計画は、一般的に「数値計画」「行動計画」で構成されます。

数値計画は、経営計画を達成するために設定される「売上高は昨年対比の○%増で□万円にする」「経費は昨年対比の○%減で□万円にする」といった数値化された目標です。具体的な数値を掲げることで、具体的な方策を検討することができ、達成する意識を醸成します。

一方、行動計画とは数値計画を実行するために企業や経営者、従業員等がどんな行動を行うかを設定したものです。例えば「今期の9～12月をかけて新しいホームページを開設する」「作業手順の見直しと改善は5～7月に取り組む」といったことを決めます。すなわち、数値計画は単なる「予算書」でしかないといえ、行動計画を組み合わせることで実効性が担保されると考えられるのです。

数値計画や行動計画は、個人のセルフマネジメントにおいても有効といえます。

数値計画は、全期ごとや半期ごとで設定される各推進項目の業績目標が該当します。業績目標は基本的に担当者が勝手に決めることはできませんが、それに基づいて「3月には教育ローンを○件」「4月にカードローンを○件」「毎月住宅ローンを○件」などと、数値計画を自分自身で設定するとよいでしょう。

ただし、実績を追うあまりに押し売りになるという盲目的な活動に陥いらないように、あくまでも目安として捉えてください。設定した数値計画どおりにいかないこともありますので、数値計画に縛られ過ぎることがないように留意しましょう。

数値計画を実現するための行動計画は、案件ごとに長期・中期・短期のスパンで「長期計画」「中期計画」「短期計画」とカテゴリー分けして立案します。例えば長期計画は半期、中期計画は1ヵ月、短期計画は1週間といった期間で設定するとよいでしょう。計画の策定ポイントは、長期計画→中期計画→短期計画の順で、具体的な行動に落とし込むことです。

これらの3つの行動計画は、始まり（頭）から考えるのではなく、締め（お尻）から考えていくことが基本になります。そして、逆算して考えたステップを頭から見る形で、計画を進めることになるわけです。

◎長期計画の立て方

長期計画では、クロージングの最終地点から逆算して考えていきます。例えば、4～9月の6ヵ月後（半期）をざっくり1ヵ月ごとに活動ステップを描きます。

【長期計画を考える流れの例】

9月末：確実に契約に結び付ける

↑（この間は、検討してもらう時間…検討時間の確保）

9月初旬：クロージングを実施する

↑

8月中：真のニーズに照らしてベストな商品・サービスを検討し提案する

↑

7月中：想定している商品・サービスの機能を使うことで、お客様の課題を解決して望むべき姿を実現できることを説明する

↑

6～7月中：お客様の真のニーズを完全に把握する

↑

6月中：会話を重ねる中でお客様の困りごとをヒアリングするなどして、課題を把握する

↑

5～6月中：仮説を立てながら話を聞き取り、本質・本意を探る

↑

5月中：自分や自行庫の利益は横に置く姿勢で、お客様に寄り添って親身に話を聞いたり相談を受けたりする（対象先とする）

↑

4月中：あいさつや他愛もない話で顔見知りになる。少しずつ会話時間を長くしていく

この例では、6ヵ月間を比較的ゆったりと捉えて考えています。各ステップの期間を短縮しても延ばしてもかまいません。状況に応じて考えてください。お客様の状況や案件の内容によって訪問頻度も変わってきますから、場合によっては全期（1年）で計画を立てる必要もあります。

同じ年度の中で収まる案件もあれば、年度をまたいで進行する案件もあります。複

数かつ様々な案件を同時並行で進めるのですから、行動計画は時間軸で期初から期末まで整然と並べることは当然に無理です。

◎中期計画の立て方

長期計画の各ステップを抜き出して、中期計画に落とし込んでいきます。ここでは、カレンダーで期間を区切って、その期間ごとの行動を設定します。中期計画も、お尻から頭に向かってステップを考えます。

【中期計画を考える流れの例：７月中の行動計画】

第４週：想定している商品・サービスの機能を使うことで、お客様の課題を解決して望むべき姿を実現できることを説明する（具体的な商品・サービスの選定検討の直前まで持っていく）

←

第３週：想定している商品・サービスによって、どのようにして課題を解決し、何を実現できるか明確にする

←

第2週：お客様の真のニーズを完全に把握する

↓

第1週：前月に知ったお客様の困りごとや課題から、お客様がどんなことを実現したいのかを考える

◎短期計画の立て方

中期計画を実施する中で重要になるのが、短期計画です。例えば、中期計画では1月を1週間ごとに区切って行動を考えた場合に、短期計画は1週間を1日ごとに区切って行動を考えます。週末から日にちをさかのぼって考えていきます。

【短期計画を考える流れの例：7月第3週の行動計画】

金曜日（5日目）：想定している商品・サービスによって、どのようにして課題を解決し、何を実現できるか明確にする（翌週、想定している商品・サービスの機能を使うことで、お客様の課題を解決して望むべき姿を実現できることを説明できるようにする）

↓

木曜日（4日目）：お客様は課題を解決して何を実現したいか明確にする

↑

水曜日（3日目）：想定している商品・サービスがどのように作用してお客様の課題を解決するか、そのストーリーを描く

↑

火曜日（2日目）：想定している商品・サービスの特徴を再確認する

↑

月曜日（1日目）：前週までに完全に把握した真のニーズと想定している商品・サービスがマッチするか確認する

同時並行に動いている案件の短期計画を突き合わせて、毎日の行うべきことを抽出します。抽出した事柄をもとに、「1日のタイムスケジュール」を組み立てるのです。

必要な活動をリスト化しタイムスケジュールを埋める

前項で述べたように、短期計画から1日のタイムスケジュールを作ります。その際には、朝の起床から夜の就寝までの間で、プライベートも含めて必ず行うことをリスト化したうえでタイムスケジュールを組みます。

ざっくりとしたタイムスケジュールではなく、かかる時間を見積もったうえで詳細に計画します。

【1日で必ず行うことの例】

①新規開拓活動

・担当エリアの既存先を回る中で、面識の浅い人とすれ違ったときに必ずあいさつする。他愛ない世間話ができればじっくり話す（西町商店街、ニュータウン、うみねこ商店会、

新井駅前商店街）
・喫茶銚子港のカウンターで昼食、マスターと会話する
②取引深耕活動
・うみねこ商店会の事務所に訪問し、理事長から困りごとを最低1つ聞き出す
・年金受給が始まる浪内さん宅に訪問し、お孫さんの進学について必ず触れる
③プライベート
・ジョギング（雨が降っても必ず15分間）
・資格取得のために勉強する。テキストを10ページ進める

このようなリストをもとに、起床から就寝までの時間で、何時何分に何を行うかを一覧にします。忙しい業務の中、いかに効率的に行動できるかを追求します。面談などすでに決まっている約束事の合間に、何をどれだけできるか工夫します。必要事項の漏れがないように、できるだけ細かく記載しましょう。

147〜148ページに記載しているものは、前記した【1日に必ず行うことの例】をもとに、策定したタイムスケジュールです。

このように一覧に挙げることで、1日の活動の流れが明確になります。タイムスケジュールに沿って行動すればよいので、うまくタイムマネジメントができます。また、次の行動に移すときに「次は何しようか」と思い悩むことはないので、迅速に動くことも可能です。

なお、1日の終わりに行う「1日のタイムスケジュールの答え合わせ」(149〜150ページ)で、実行した予定を消し込むと未済が明確になります。合わせて、訪問先で予定外に起こったことや行ったことなどを赤ペンで書き加えるとよいでしょう。

こうした振り返りの作業を毎日行うと、タイムマネジメント力が格段に上がります。というのも、こうしたタイムスケジュールを使った活動は、PDCAサイクルを回しているということになるからです。具体的には、P(計画:翌日のタイムスケジュールの作成)→D(実行:昨日作った本日のタイムスケジュールに従った活動)→C(評価:本日1日のタイムスケジュールの答え合わせ)→A(改善:翌日のタイムスケジュールの作成にタイムマネジメントの甘さを反映)というサイクルを回していることになるのです。

●1日のタイムスケジュールの例

5：30　起床
シャワーを浴びる
新聞に眼を通す

6：00　朝食
トイレ
身支度

6：30　自宅を出発

7：30　出勤
朝の準備、簡単な清掃
案件ミーティング
本日の渉外ルート再確認
渉外鞄の確認と出発準備

8：45　朝礼
渉外ミーティング

9：00　支店を出発

9：15　浅利さん宅　月掛けの集金
(移動中に新規開拓活動：西町商店街を通る、顔出し、あいさつ)
じっくり話せるかも

9：30　海洋不動産　先日融資実行の金消控えを届ける

9：45　(新規開拓活動：ニュータウンを回る、顔出し、あいさつ)

10：15　支店に戻り、網本さんの融資手続きに対応
(新規開拓活動：うみねこ商店会の加盟店に全部行ってみる、顔出し、あいさつ)

11：00　うみねこ商店会事務所　普通口座開設
理事長と情報交換 ← うみねこ商店会の困りごとについて突っ込んで聞く

11：30	灯台学習塾　貸付相談 （新規開拓活動：新井駅前商店街のテイクアウト飲食店へ顔出し、あいさつ）　カウンターでマスターと会話
12：30	喫茶銚子港　昼食（新規開拓活動を兼ねる）
13：00	ていぼう社　事業承継相談で弁護士を同行
14：00	エビ青果市場　手形・小切手の受付を含む集金
15：00	支店に戻り出納へ　お孫さんの進学について聞き取る
15：20	浪内さん宅　年金受給を聞き取り、受取口座作成 ２世帯住宅へ改築予定に関しリフォームローンの相談
16：30	帰店　現金を締める 浪内さん宅案件について融資課長と相談 本店審査部と電話で調整
17：30	明日訪問先の確認 TEL、訪問先別の準備 渉外ルートの検討、新規開拓活動をどこに入れるかを視野に
18：30	夕礼
18：45	退勤
19：45	帰宅 ジョギング、筋トレ
20：30	風呂
21：00	夕食、テレビ
21：30	資格取得のための勉強
23：00	本日のタイムスケジュールの答え合わせ 明日のタイムスケジュールの作成
23：45	就寝

●1日のタイムスケジュールの答え合わせの例

5：30　起床
シャワーを浴びる
新聞に眼を通す

6：00　朝食
トイレ
身支度

6：30　自宅を出発

~~7：30~~　~~出勤~~　→7：45　**電車が遅れ出勤時間15分遅れ**
朝の準備、~~簡単な清掃~~　→**カット**
案件ミーティング
本日の渉外ルート再確認
渉外鞄の確認と出発準備

8：45　朝礼
渉外ミーティング

9：00　支店を出発

9：15　浅利さん宅　月掛けの集金
（移動中に新規開拓活動：西町商店街を通る、顔出し、あいさつ）　~~じっくり話せるかも~~

9：30　海洋不動産　先日融資実行の金消控えを届ける
駅前の空き地の件で相談が長引きカット

9：45　~~（新規開拓活動：ニュータウンを回る、顔出し、あいさつ）~~

10：15　支店に戻り、網本さんの融資手続きに対応
（新規開拓活動：うみねこ商店会の加盟店に~~全部行ってみる~~、顔出し、あいさつ）
鮫島文具店で教育ローンの相談あり

11：00　うみねこ商店会事務所　普通口座開設
理事長と情報交換　←　うみねこ商店会の困りごとについて突っ込んで聞く

⬇

11：30　灯台学習塾　貸付相談　　チラシ 20 部、明日の訪問先で配る
（新規開拓活動：新井駅前商店街のテイクアウト飲食店へ顔出し、あいさつ）　カウンターでマスターと会話
12：30　喫茶銚子港　昼食（新規開拓活動を兼ねる）←
13：10　弁護士先生遅れる（2度目、要注意！！）
~~13：00~~　ていぼう社　事業承継相談で弁護士を同行
14：20　ていぼう社で時間がかかり集金時間がズレる
（弁護士先生、話長い !! 次回から要検討）
~~14：00~~　エビ青果市場　手形・小切手の受付を含む集金
15：00　支店に戻り出納へ　　お孫さんの進学について聞き取る
他地域の国立大志望（資金の相談あり）　OK
15：20　浪内さん宅　年金受給を聞き取り、受取口座作成←
２世帯住宅へ改築予定に関しリフォームローンの相談
16：30　帰店　現金を締める　　**（プランが大幅変更に、見積り白紙、新プランは来月メド）**
浪内さん宅案件について融資課長と相談→**大幅変更について報告**
本店審査部と電話で調整→**大幅変更について報告**
明日は届ける資料多い、一度支店に戻る必要あり
17：30　明日訪問先の確認 TEL、訪問先別の準備←
渉外ルートの検討、新規開拓活動をどこに入れるかを視野に
18：30　夕礼
18：45　退勤
19：45　帰宅
ジョギング、筋トレ
20：30　風呂
21：00　夕食、テレビ
~~21：30~~　~~資格取得のための勉強~~ ← **実家から法事のことで TEL 入る　勉強スケジュールリスケ**
~~23：00~~　本日のタイムスケジュールの答え合わせ
23：30　明日のタイムスケジュールの作成
~~23：45~~　就寝 ←**24：15**

第5章 法人開拓での目の付け所やアドバイス

小売業では差別化やインターネット店舗併設が重要

個人に対する営業活動に比べ、法人に対する営業活動は難しいという担当者は多くいます。そこで、本章では法人開拓に絞って解説しようと思います。

法人について見るべきことや確認すべきこと、アドバイスできることには、業種ごとに傾向があります。ここでは、代表的な3業種、小売業・飲食業・製造業を取り上げて、重視すべきポイントや行うとよいアドバイスを紹介します。

最初に、小売業について事業面と財務面に分けて説明します。

◎小売業の事業面

コンビニエンスストアも淘汰されている状況下で、個人経営の小売業の経営も厳しいものがあります。生き残るための方策は様々ありますが、そのうち最も重要なのは

「差別化」です。

例えば、常備品は安く大量に提供できる量販店やチェーン店に譲るという判断もあります。その代わりに、競合・同種の商品が少ない、レアだったりニッチだったりする商品をそろえて差別化を図ります。コストは比較的かかりますが、単価が多少高くても利益率は相応に確保することが可能です。

食品関係の小売業であれば、例えば一人暮らし対応の使い切りサイズ商品、少人数向けのセット商品、手軽に調理できる野菜などのカット商品といったラインナップにすると独自性が出ます。

セレクトショップとして、こだわりの品ぞろえで差別化を図る方法もあります。ただし、この場合はバイヤーのセンスが消費者にマッチすることが求められるので、担当バイヤーの腕がどうかがポイントになります。ハードルが高い分野ですので、取り組もうとしている事業者には慎重に助言しましょう。

また、インターネットでの販売は、販路開拓の施策として大変有効です。各種ＳＮＳを組み合わせたＷｅｂマーケティングを行い消費者向けに発信します。そして、インターネット店舗に誘導し、購入してもらえれば売上があがります。労力面やコスト面では比較的少なくて済むので、導入・運営のハードルはそう高くはありません。

インターネット店舗の併設はいまや必須事項だと思います。リアル店舗のみ運営している事業者にインターネット店舗についてアドバイスすることは有効でしょう。

◎小売業の財務面

粗利率30%前後が一般的である小売業では、在庫が収益性に大きく影響します。決算書を見る際には、売上高や仕入に合わせて、在庫がどのような推移になっているかチェックすることが重要です。

在庫についてヒアリングする際には、在庫状況や管理状態とともに、廃棄ロスや値引きロスの状況も確認するとよいでしょう。廃棄ロスや値引きロスが多ければ、粗利が少なくなります。粗利率を改善するために、仕入の数量や品ぞろえの考え方などをアドバイスするとよいでしょう。

特に、前述した独自の品ぞろえで差別化を図る事業者であれば、天候や気候、立地などの外的要因の情報の他に、日々の実績の蓄積情報が品ぞろえや数量を決めるうえで重要になります。

勘に頼った仕入を行っているようであれば、環境や日々変化する状況等に合わせて実績を記録し、仕入調整・在庫管理するとよいことも説明しましょう。

飲食業の事業は独自性やストーリー性で見る

◎飲食業の事業面

コロナ下において、休業要請や時短営業など厳しい環境が続く飲食業。こうしたパンデミックの影響に限らず、これまでにも天候不順や原材料の世界的需要の高まりなどにより仕入価格が高騰したり、少子高齢化や景気の悪化により中食市場が拡大したりといった外的要因による問題は少なくありません。今後も様々な外的要因にさらされる可能性がある中で、経営を長く維持することは大変難しいといえます。事業を継続して生き残るためには、そのときどきに応じた工夫が必要です。

もっとも、どのような状況であっても生き残るには「味」も重要ですが、何よりも「独自性」が重要と私は考えます。その店舗ならではを打ち出すために、例えば地元の食材にこだわったり、独自に開発した新しいメニューをそろえたりという工夫もあります。

また、繁盛店の多くは、コンセプトから店づくり・メニューづくり・調理法・サービスなどに「ストーリー性」を持っています。

こうした観点で、当該店舗の事業を見るとよいでしょう。

本業支援においてアドバイスする際も、「独自性」「ストーリー性」といった観点で、何が不足しているか、どんな取組みをするとよいかを考えて対応します。

経営者の多くは、常に時間に追われて仕事をしています。昼と夜の営業時間の合間を縫って外を回って仕入や資金繰りなどに奔走していることも珍しくありません。また、外回りに忙しくしているがゆえに、金融機関の担当者が店舗に訪問してもアルバイトしかいないということもあります。経営者がどの時間帯に店舗あるいは事務所にいるかをしっかり把握して、定期的に接点を持つようにしましょう。

◎飲食業の財務面

外部環境の影響を受けやすい飲食業においては、安定的に利益をあげるため、売上高以上にＦ／Ｌコストの管理が重要になります。Ｆ／Ｌコストとは、Ｆコスト(Food：

原価や材料費）にＬコスト（Labor：人件費）を足したものです。売上高に対するＦ／Ｌコストの割合はＦ／Ｌ比率といわれます。

飲食業の経営においては、Ｆ／Ｌ比率が重要な指標となっています。一般的にＦ／Ｌ比率が60％を上回ると、安定的に利益が得られないといわれています。多くの店舗がこの数値をＦ／Ｌコスト管理の目安にしています。

仕入や在庫の状況に合わせて、Ｆ／Ｌコストの管理についても聞き取るとよいでしょう。

Ｆ／Ｌ比率が比較的高い場合、食品ロスが多かったり、仕入価格が高かったり、余剰人員がいたりといったことが考えられます。その状況に合わせて改善アドバイスを行うとよいでしょう。

例えば、最近問題視されている食品ロスが多い場合は、以下のような改善策が考えられます。

・食品を再利用する
・作り置きを抑える
・過剰仕入をやめる

・毎月の食品ロスをチェックして把握する

コロナ対策で注目された助成金や給付金の取得の有無について確認することも重要です。申請後、すぐに入金されるわけではないので、資金繰りがどうか確認したうえで、余裕がなく厳しければ融資対応を検討しましょう。

一方、店舗リニューアルや新店舗出店等に伴う設備投資のニーズに注目することも大事です。減価償却費の推移をチェックしつつ、設備投資の予定があるかどうかを確認します。

設備資金の融資にあたっては、比較的短い期間での回収を念頭に置いておくことが重要です。はやりすたりが目まぐるしく、近隣店舗との競争が激しい傾向がある飲食業は、リニューアルのための投資を一定期間ごとに行うことが珍しくありません。

すなわち、次の設備資金需要が発生するまでの期間が比較的短いといえます。事業展開のタイミングに合わせて、資金確保できるように適切な資金計画を作ることをアドバイスしたほうがよいでしょう。

製造業は設備や在庫ロスなどに注目してアドバイスする

◎（中小規模の）製造業の事業面

製造業とひと言でいっても、種類は多岐にわたります。食品加工・製造やプラスチック加工、金属加工による部品製造・機械製造など、様々挙げられます。どんな製造業であっても、事業面で把握すべきポイントはある程度共通しています。具体的には、販売先はどこか、受注生産か見込生産か、原材料の仕入先はどこか、外注先はあるか、どんなフローで製造されているか、1つのラインは何人で担当しているか、どんな機械を使っているか、製品は何に使われているものかなどはできるだけ早い段階で把握します。

合わせて、設備の使用状況に着目するとよいでしょう。メンテナンスの頻度・仕方や使用期間、耐用年数、改修状況、稼働状況などを把握します。老朽化していたり、稼働状況が悪化していたりすれば、新たな設備の導入や改修の可能性があります。そのような場合は設備投資のニーズがあるかもしれませんので、十分にヒアリングしましょう。

その他、生産性の向上や工場の立地、倉庫の規模なども着目すると資金ニーズが把握できるかもしれません。

また、在庫ロスがないかという着眼点もあります。在庫ロスには、機会ロス・廃棄ロス・棚卸ロスの3種類があります。

機会ロスとは、製品が欠品あるいは不足したために販売する機会を損失し本来得られた利益を逃すことや、原材料や仕掛品などが不足することにより生産が止まることをいいます。

廃棄ロスとは、賞味・消費期限切れ、破損や売れ残りの製品を廃棄することで発生する損失のことです。

棚卸ロスとは、定期的に実施される棚卸の結果、実際の在庫よりも帳簿上の在庫が少ないときに起きる損失のことをいいます。これは在庫管理ミスや内引き（業務上横領）、検品ミス、返品ミスなどにより発生するものです。

以上のような在庫ロスを削減するには、徹底した在庫管理が重要になります。特に、受注生産に比べ見込生産のほうが在庫ロスは多くなりがちですので、見込生産を中心にしている企業については厳しく注視し、在庫管理の徹底を推奨します。在庫ロスの多さは資金繰りがショートするリスクにつながるので、金融機関の担当者としてきちんと見て改善アドバイスすることが重要です。

在庫管理を十分に実行していないことが分かったら、在庫管理の意義・大枠や現品管理の仕方、データ管理の仕方、棚卸手法などをアドバイスしましょう。

また近年では、事業継続計画（ＢＣＰ）の取組状況も重要です。ＢＣＰとは、企業が災害やシステム障害、不祥事、テロなどの緊急事態が起きた場合に、事業資産の損害を最小限にとどめつつ、中核となる事業の継続あるいは早期復旧を可能とするために、平常時に行うべき活動や緊急時における事業継続のための方法・手段などを決めておく計画のことです。

過去の出来事として、東日本大震災では、東北や北海道の工場が被災したことにより、サプライチェーンが分断されました。各地の豪雨災害では、長期間にわたり工場の操業がストップしたということもありました。このようなことからＢＣＰの必要性は高まっており、金融機関の担当者としても着目することは重要です。

ＢＣＰを完備し十分に備えておけば、たとえ災害が起こったとしても最短期間で復旧に結び付けられるかもしれません。そのことは、取引先への信頼や従業員・その家族の安心につながります。そういったことを説明し、ＢＣＰの取組みを促すことも有効でしょう。

製造業では、後継者問題と同じように、技術承継の問題も深刻になっています。技術や技能が属人的になっていて、他の人はまったくできないことがあるのです。そのような場合では、若手への技術承継（人材育成）とともに、マニュアルの作成やシステムによるＮＣ化（数値制御化）などをアドバイスします。

◎（中小規模の）製造業の財務面

製造原価については、収益体質を決定づける重要な指標なので、歩留まり率などを含めてきちんと管理していることが重要です。管理がずさんだと、利益の状況をしっかり把握できないばかりか、原材料の急騰などによって赤字に転落するリスクが高いといえます。

また、在庫状況についても注視が必要です。在庫が高止まりしていて不良在庫や滞留在庫（デッドストック）がないか在庫の推移を見てチェックします。不良在庫や滞留在庫が多いために、損益計算書上は黒字になっていてもキャッシュフロー計算書上はキャッシュが減っているということがあります。ついには、黒字倒産に陥るケースも少なくありません。

不良在庫や滞留在庫が増加していると、キャッシュの減少を引き起こすだけでなく、税負担を増やしたり在庫管理の手間やコストが余計にかかってしまったりします。

そのような実態を見つけ出すためにも十分に確認することが重要です。

特に、注視するべき指標は限界利益や限界利益率です。製造業の経営数値の管理上、最も大事な指標といえます。経営者や経理担当者等が正確に把握できているかどうかが重要になります。

限界利益とは、売上高から変動費を差し引いて算出します。変動費というのは、売上の変化に伴って変動する経費のことです。逆に、売上高が変化しても基本的に変わらない経費はいわゆる固定費です。変動費や固定費は、貸借対照表や損益計算書の勘定科目ではありません。

限界利益率（%）は、「限界利益÷売上高×100」で算出されます。限界利益率は、売上高のうち限界利益が占める割合を示します。限界利益も限界利益率も固定費を回収できる水準を示す指標です。いくらの売上高を計上していれば、事業にかかる固定費がまかなえるか把握できます。これらの水準が高ければ高いほど、「生産数を増やして売上を増やすこと」あるいは「固定費を削減すること」などで、黒字にできるポテンシャルを持っているといえます。

限界利益と限界利益率が分かっていれば、利益と費用に関して分析することができます。利益が出た・出なかったのは何が原因かが明確になるのです。

例えば、限界利益率はいつもどおり60%を維持していて普段なら営業利益が出るはずなのに赤字という場合は、固定費がいつもより多いために営業利益が出なかったということが分かります。また、固定費は通常どおりの金額水準で、限界利益率もいつもどおり60%なのに営業利益が赤字という場合は、営業利益が黒字になるほどの売上がなかったということを意味します。

限界利益率が55%になっておりイレギュラーにも例年に比べ5%低くなっていれば、何らかの理由で変動費が5%増えていることを意味します。売上高が変化するに連れて一定の比率で変わる変動費なのに、どうしていきなり変化したのか原因を追究することになるでしょう。

このように、限界利益率の水準が分かっていると、利益水準に大きな変化が生じた原因が分かるので、改善策が検討しやすくなります。

そもそも、製造業では経営上、製造原価の管理が重要です。卸売業や小売業、サービス業などに比べ、売上を得るために取り扱うもの、製造業は製品ですが、製品を確保するには相応の原材料費や労力、時間等がかかるといえます。つまり、原価計算が比較的複雑になるので、厳密なコスト管理が求められるのです。ゆえに、製造業では決算書の1つとして製造原価報告書が利用されていると考えられます。

別の見方をすると、製造業は製造の現場を持つために多岐にわたる要素が合わさって経営数字が構成されています。原材料費や外注費、人件費、消耗品費など経費が売上高に紐づく経費（変動費）や、売上高が変化しようとも関係なく計上される減価償却費等経費（固定費）を厳密に把握できていないと、製造業は良くも悪くも対策が打てない業種なのです。

ちなみに、合わせて知っておいてもらいたいことは、「制度会計」と「管理会計」についてです。会計は目的や用途によって様式や表示は異なります。

金融機関が決算時期に事業者から預かる決算書は「制度会計」をもとに作成されたものです。制度会計は「財務会計」と「税務会計」に分かれており、それぞれ目的が異なります。財務会計の目的は外部の利害関係者への説明で、税務会計の目的は税金の申告で用いられます。

一方、管理会計は内部で意思決定するときに参考にされるものです。基本的に内部の関係者が見るもののため、制度に縛られません。採用するかしないかは事業者の判断ですから、義務ではありません。しかし、経営上重要な会計といえます。これに含まれるのが限界利益や限界利益率の指標、変動費・固定費の推移を見る数値です。

必ずしも作成されているわけではありませんから、自行庫の財務分析で算出された数値に合わせて、事業内容に基づき費用を変動費グループ・固定費グループと分けることも重要です。製造原価報告書は必ずしも作成されているとは限りません。作成されていたとしても変動費の中に固定費要素の強いものが紛れていたり、またその逆もあったりもします。製造原価を見るときは、製造現場での経費なのかという目線だけでなく売上高の増減にどう関わるかという目線で考えてください。

また、最近注目を浴びているのは労働分配率です。労働分配率は、付加価値に占める人件費の割合を表し、人件費が適正かどうかを判断するときに使う指標です。事業者の状況によって異なることがあるのですが、労働分配率は一般的に「労働分配率(%)＝人件費（固定費に分類されるもの）÷限界利益×１００」（経済産業省の企業活動基本調査等の考え方等との計算式とも異なる）で算出します。

損益計算書にある「販売費および一般管理費」（販管費）には、変動費要素が含まれています。販管費のうち人件費に注目すれば、例えば営業担当の報酬を歩合制にすると人件費は変動費にあたります。人件費を変動費と固定費に分解できれば、労働分配率をつかむことができ、最も大きな固定費である人件費が適正かどうかを見て管理できます。少人数で高付加価値を上げるようなＩＴ企業は別として、一般的な業種では労働分配率は45～55％程度が適正といわれています。

変動費と固定費をつかみつつ、限界利益率や労働分配率で分析しアドバイスすることができます。以下では、限界利益率と労働分配率の他、重要な経営指標を取り上げてアドバイスの着眼点を紹介します。

◎限界利益率の観点からのアドバイス

限界利益率を改善する必要性が考えられる場合、固定費や変動費にムダはないか検証します。一気に数％改善することは難しいので、１％でも改善できるかどうかを基本に考えます。

【具体的な着眼点】

・原材料費や外注費は低減できないか…むかしからの付き合いで高止まりしている可

能性を確認。該当すれば条件が良い先などを新たに紹介する

・単価や販売価格を安くしすぎていないか…値上げ交渉術や価値を認めて正当な価格で購入してくれそうな先を紹介する

・製造過程で簡単なミスは多くないか…生産ラインの不調や検品で見つかる不良品等の状況を確認する。生産や検品等の高度化をアドバイスし、原材料費のスリム化を図る

・売上構成は薄利な製品が多くないか…製品の付加価値を上げたり、粗利が高い製品を積極的に営業したり、高い技術力を正当に評価できる法人を開拓したりといった取組みを勧め、粗利の高い製品を増やす売上構成にする

◎労働分配率の観点からのアドバイス

労働分配率が適正な数値、例えば45～55％という適正範囲内かどうかを確認し、過剰であれば人件費の低減を促します。

【具体的な着眼点】

・人員は余分でないか…個々人の多能化や作業マニュアルの作成等で効率性を上げて

人員のスリム化を図る

・先行採用の人材や事務系の従業員などをいかに効率的に活用するか…直接売上を生み出さない従業員を、直接売上を生む従業員の補佐にして生産性を上げる

・従業員の給料水準が高くなっていないか…売上高の水準が下がり続けている実態に合わせて従業員のボーナス水準を下げる

◎総資本（総資産）回転率の観点からのアドバイス

「総資本回転率（回）＝売上高÷総資本（総資産）」で算出します。事業に投資した資金をどのくらい効率よく活用できたか、1年間の売上高は投資から回収までの1サイクルを何回転分生み出されているのかを見る指標です。低水準であれば、例えば投資した設備がきちんと使われていない可能性があります。

◎歩留まり率の観点からのアドバイス

「歩留まり率＝実際に製品となった材料の数量÷製造ラインに投入した材料の数量×100」で求められ、どの程度のムダが発生しているのかを見ることができます。1％

改善するだけでもコスト削減を大きく実現できるでしょう。

◎不良率の観点からのアドバイス

「不良率＝検品検査不良数÷全製品数×１００」あるいは「不良率＝１００％－歩留まり率」で算出します。検品などで不良判定されて製品化できなかった割合を示す指標です。この割合が大きいと、製造過程においてミスの発生や、技術習得の未熟、機械等のメンテナンス不足・不具合、材料の質の悪化などの可能性があるので、原因が何かをチェックすることが必要です。

事業承継の課題で信頼を深め取引のきっかけを作る

中小企業の多くで、事業承継が大きな課題となっています。新規開拓活動をはじめ営業推進を行う中で、注目することが重要になります。自社株を含む財産の承継が絡む話で取っつきにくいことが多いので、避けて通りたいと思う人も少なくないでしょう。

確かに、新規開拓活動で話題にすることは難しいかもしれません。話題にすることにそれなりに時間はかかることでしょう。しかし、真正面から真面目に向かうことで、深い信頼関係を作ることができます。「対話」を意識することで、経営者の気持ちのハードルを下げることができますし、次第に本音を聞き出すこともできます。

ここで、事業承継問題について実情を見たうえで、金融機関の担当者としてどのような取組みが求められるか考えてみましょう。

①事業承継問題と政策の状況

２０２1年2月公表の帝国データバンク「全国社長年齢分析」によると、全国の社長の平均年齢は60・1歳となっており、年代別の割合を見ても「60代」の構成比は27・3％を占め最多となっています。社長の平均年齢は年々上昇し続けており、実際70歳以上で現役の社長も珍しくありません。

一方、全国の後継者不在率は、２０２０年時点で65・1％（２０２０年11月帝国データバンク発表「全国企業『後継者不在率』動向調査（２０２０年）」）です。高水準が続いており、事業承継への備えが追いついていない状況がうかがえます。このまま後継者不在の問題が解消されずにいれば、将来的に廃業する事業者は増え続け、10年後には相当な数の事業者が一気に廃業してしまうという事態が懸念されます。

そうした事業承継の問題を支援するべく、国は２０１８年に、10年の時限立法として中小企業経営承継円滑化法（中小企業における経営の承継の円滑化に関する法律）を制定しました。この法律には、㋐事業承継税制（贈与・相続税の納税猶予や免除）の前提となる認定、㋑遺留分に関する民法の特例（生前贈与株式等の遺留分対象から除外、生前贈与株式等の評価額の固定化）、㋒金融支援（信用保証協会の保証枠の別枠化、日本政策金融公庫等の融資支援）の前提となる認定、㊁所在不明株主に関する会社法の特例の前提となる認定が盛り込まれています。

②事業承継を進めないと生じる問題

経営者の年齢が上がるほど投資意欲が低下し、リスク回避性向が高まります。経営者の交代によって若い世代に引き継がれた企業と長く交代がない企業とでは、経常利益率は交代した企業のほうが高い傾向があるようです。

必ずしも経営者の老齢化が要因とはいえませんし、人によって能力に差異はあるので一概にはいえません。とはいえ、高齢になると、情報収集能力や判断能力の低下はいなめません。「守り」の意識が強くなり、未来への投資も消極的になりがちです。

万一、事業承継がうまくいかず、廃業や倒産ということになれば、例えば固有の技術や取引の信用を失ったり、サプライチェーンの分断を招いたり、一事業者に限った話ではありません。地域における雇用キャパシティを失うだけではなく、事業規模が大きければ大きいほど地域経済の崩壊につながりかねない影響を被るかもしれないのです。

金融機関からすれば、事業承継が行われないあまり廃業や倒産があれば、取引自体あるいは取引機会を喪失するだけではなく、融資があれば不良債権を抱えて損失にもつながります。業績が良くても後継者がいないばかりに廃業せざるを得ないことも少なくありません。金融機関としては、好業績を維持している事業者なら、なおさら何もせずに見過ごすわけにはいかないでしょう。

③事業承継の対策

事業承継について、対策がうまくいかない理由として、第三者になかなか相談できないことがあるでしょう。相談したくとも相談できる対象（場所）を知らない経営者も少なくないということもあります。

経営者が事業承継について相談している場合の相手は、税理士・公認会計士や役員・従業員、家族・親族に続いて、金融機関（メインバンク）としている（アンケート）結果もあります。このことからも分かるとおり、事業承継問題を相談できる身近な第三者として金融機関は頼りにされているのです。

とはいえ、事業承継の話は、資産全体や家族の問題などのプライベートに踏み込まざるを得ません。ですから、安易に踏み込むべきことではないと思います。ことを急いで間違えれば、お客様との関係は崩壊しかねません。非常にデリケートな話題だということを認識する必要があるでしょう。

だからこそ、信頼関係の構築を大事に考えて、慎重に事業承継の話題を取り扱うことになります。例えば後継者となる息子がいるにもかかわらず、いつまでも承継が進まない場合は、親子間で折り合いがついていなかったり、親族内で何か問題が起こっ

ていたりという事情もあり得ます。事業承継の話題になれば、こうしたセンシティブな内容に触れざるを得ず、第三者に開示することに抵抗感は強くあると思われます。地域経済を長く支えてきた事業者であればこそ、地域経済に影響の大きい事業者であればこそ、長い目で見て事業承継問題を考える必要があります。ゆえに安易に話題にすることは難しく、確信をつくまで慎重に検討を重ねることが必要なのです。

担当者個人で留意すべきは、現状把握のためにできるだけ多くの情報を聞き取ることではなく、経営者や後継者の心情を含めて詳細に話してもらうための「対話」です。「本気」で知ろうという姿勢で、他人事でも自分事のように考えていることを相手が感じてもらえれば信用してもらえます。本気で解決しようと寄り添えれば、真剣に相談してくれるでしょう。

対話には、接点が大前提であり、その機会をムダにせず過去に収集した情報を最大限に生かして、お客様に「お客様だけという特別感」を感じてもらうことが重要です。対話をするには、小さな反応も見逃さず、ないがしろにせず、真摯に捉えることが大事。次回の訪問のために詳細を書きとめるなどして記憶にとどめ、相手が「そんなことまでも覚えていたのか」といった感心を得られるような会話を展開することです。

公的なツールを使うことも有効ですので、以下のようなものの作成にじっくり取り組むことで質の高いやり取りをして事業承継の断片を拾い対話しましょう。

・『事業価値を高める経営レポート』（中小企業基盤整備機構）…知的資産の現状把握と今後のビジョンを明確化できる

・『ローカルベンチマーク』（経済産業省）…〝過去と現在〟〝少し先の近未来〟が見やすくなる。6つの指標（売上高増加率、営業利益率、労働生産性、EBITDA有利子負債倍率、営業運転資本回転期間、自己資本比率）と4つの視点（経営者への着目、環境・関係者への着目、事業への着目、内部管理体制への着目）等が明確化される

・『経営デザインシート』（内閣府）…知的財産が価値創造メカニズムにおいて果たす役割を的確に評価して経営をデザインするためのツール。「5～10年後の未来設計図」といえる

こうしたツールが有効であることは、事業承継では以下のような様々な要素が関わるからであり、それらを明確にしてくれるからです。

・承継するヒト…後継者

・承継の対象となる財産（モノやカネ）…資産：事業用資産や現預金、原材料、商品など／負債：借入金や連帯保証、担保など
・承継すべき権利（経営権）…議決権＝自社株
・承継に値する目に見えない価値…無形の価値：知的財産や創設後の社歴、企業風土、ノウハウ、ブランド、ビジネスモデル、許認可など／人材：経営者の想いや経営理念、従業員のスキル、技術力、団結など／外部とのつながり：信用力や連携力、顧

客基盤、人脈、産業連関、もうかる仕組みなど

事業承継では、目に見える「ヒト・モノ・カネ」の承継にとどまりません。「目に見えない価値」の承継も必要であり、実はそれらの承継が最も時間がかかります。経営者自身が理解していなければ後継者への承継はうまくいかないのです。たとえ後継者がいてもうまく引き継ぐことは難しいといえます。引き継ぐには、利害関係者や従業員、お客様の支援が不可欠です。置き去りにすれば、新体制は長く続きません。

事業承継問題には、担当者1人で対処することはかないません。対話によって事情を明確にして、専担部署や専門家などに橋渡しする必要があります。短期間で解決できるものではなく、長期的視点で対応することも求められます。

見事解決できれば、お客様との信頼関係は強固なものになり、将来長く続く取引や様々な取引の獲得につながります。新規開拓を推進する中では、これほど強いつながりはありません。

職域の挑戦により法人開拓と従業員の個人開拓をうまく絡める

担当エリアにいる人たちへのあいさつや世間話などの声かけを徹底して接点を多く持つことは、個人開拓において重要です。加えて、法人開拓の際に職域をうまく使って、個人開拓も進めることは効率的かつ有効といえます。

具体的な取組みとしては、例えば経営者や総務担当の役席者などと接点を持ち、定期的な金融セミナーや金融相談会、融資や運用の提案機会を創出することを持ちかけます。その際には、従業員に対して実施するメリット、特に福利厚生の観点でも効果があることを十分に伝えるとよいでしょう。合わせて、どのような内容かも説明し、日時や場所、方法などを例示することが重要です。

前向きに検討してもらえるのであれば、前もって実施の概要をきちんと詰める必要があります。実施やその概要などが決まれば、窓口となる担当者に周知してもらうようにします。

セミナー等の実施の際には、押し売りにならないように従業員個々人に寄り添って対応しましょう。真摯に対応していれば、取引獲得につながります。専属のファイナンシャルプランナーとしてお金に関する専門家という地位を確立することが望まれます。

このような職域を活用した個人開拓が実現できれば、その法人での評判アップや信頼獲得につながります。従業員からの信頼を集めるだけでなく、法人とのつながりを強化することができ、法人取引もかなえる方策の１つといえるでしょう。法人開拓と個人開拓を同時に追求することができるので、一層効率的な活動が実現できます。

ただし、職域は必ずしもすんなりと認めてもらえるわけではありません。法人の状況を見極めながら推進するなど慎重に行動することも求められます。

第6章
転職が頭にちらついたときに大事なこと

他の人をまねてみて自分自身を見つめ直す

新規開拓活動をする中で、何かしらうまくいかないことを感じ、自分はこの仕事に向いていないのではないかと感じる担当者は多くいます。第1章で登場した稲田くんや小羽田くん、白須くんは新規開拓活動の異なる壁にぶつかっていましたが、程度の違いがあるとはいえ3人とも自信を失い、このまま仕事を続けることに疑問を持ったのは想像に難くありません。皆さんも少なからず3人のように、いまのまま続けてもいいのか悩んだこともあるかもしれません。

しかし本当に、いまの仕事は向いておらず、継続することは人生において間違いなのでしょうか。稲田くんや小羽田くん、白須くんをはじめ、皆さんが本当に向いていないとは思えません。

確かに、物事がうまく運ばなければ現実逃避をして、思考停止になりがちです。私自身もかつて渉外活動をする中でそのような状況に陥った経験があります。しかし、すがる想いでノウハウ本を読みあさったり、先輩や上司の活動を見たり話を聞いたりして、打開する光明を得たという経験があります。

参考にして実際に試してみてうまくいかないこともありましたが、成果が出ることも少なくありませんでした。前向きにトライできたきっかけとしては、自分自身の環境や能力、気持ち、行動などを見つめ直したこともあります。

皆さんも金融機関の新規開拓担当は向いていないなんて思ったことがあるかもしれません。しかし、本当にそうでしょうか。安易に考えたり、感情的になったりしていませんか。そこで、冷静にじっくり自分のことを見つめ直したほうが後悔はないと強く述べたいと思います。

結果として、どのような道に進もうとも何事も損ではありません。私自身実践することで､新規開拓で実績を積み上げられるようになりましたし､いまの立場に進み様々な役割を果たす素地となったことは確信しています。

「いまの仕事は合わない」と、短絡的に決断するのは簡単です。しかし、いまの仕事で成果をあげるには何をどう捉えてどう変えていけばよいか、あらためて整理するのは将来のあらゆることに対して指針になります。妄信的に行動するのではなく、ひと呼吸置いて冷静に思考することも重要です。

自分の活動を見つめ直す方法として、例えば実績が優れている先輩や上司などの行動をまねることも有効です。とりあえずトライしてみることで、うまくいくノウハウやテクニックを実感するだけでなく、以前の活動で課題となっていたことやそれを解決した要因、仮にまねてみてうまくいかないときにはその要因や理由、その改善策にも気づきます。とりあえず先輩や上司などの行っていることをまねて成果があればもうけもの。やってみて損はありません。

試行錯誤した中で生み出された工夫は必ず成果を生みます。「できない、できない」という後ろ向き思考に囚《とら》われるのではなくて、良い結果に向けて変化することを恐れずトライしてみましょう。

周りの人に寄り添えば成功体験も自信も得られる

「自分自身を見つめ直しても、どうにもならない」「見つめ直すと言われてもどうすればよいか分からない」と思う気持ちも分かります。

競合金融機関がたくさんあり、どこも商品・サービスは似たり寄ったり。差別化といっても、立地などの利便性やマスコットキャラクターの違い、親類が勤務しているなどの縁故の強みくらいしかない。利用者による金融機関の選定で、そうした違いが選定の動機になり得るのであれば、担当者としてむなしさばかり感じるのはいたしかたがありません。

しかし、取引実施の判断はお客様に直接相対する担当者いかんによります。誤解を恐れずに言うなら、どの金融機関でも商品・サービスが同じと考えるお客様が多い中で、取引の決め手になるのが「担当者」であることが少なくないのです。よって、各担当者は金融機関の顔といえ、将来的な取引にも大きな影響を持ちます。ですから、取引を牽引しているという誇りを持つべきです。

取引の牽引役である限り、それに見合う人材となることが求められます。自身の人となりを磨くことで、競合する担当者たちの中で選ばれるようになります。何も大変な努力をする必要はありません。人とつながるうえで当たり前のこと、周りの人たちに対するあいさつや声かけ、気配り、心配りを相手に寄り添う気持ちで行えばいいのです。

友人づくりや好きな人へのアプローチと同じことです。仲良くなる（親しくなる）にはどうしたらよいか、考えるでしょう。自然と優しい気持ちで相手を慮《おもんぱか》るようになるのではないでしょうか。

相手の役に立って喜ばれるにはどうしたらいいか、こういったことを真剣に考えるようにもなると思います。身近にいて会話を重ね、同じ時間を共有する——その中で相手の困りごとが分かれば解決に手を貸したくなるでしょう。お客様に対しても同じようにすればいいのです。

ノルマがあるから何としても商品・サービスを売らなければならないという気負い

も無理もまったく必要ないし、はっきり言ってムダなのです。確かに周りはライバルやプレッシャーだらけですから、気がはやるのは分かります。しかし、はやる気持ちで押し売りめいたことをすれば、お客様に断られ続けることになるのです。

断られ続けてずっと嫌な思いをするくらいなら、いっそのことやり方を変えても損はありません。自分自身のいつもの考え方や行動を見つめ直して、何がネックになっているのか見つけ出します。それを改善する方策を考えて実践してみます。

そうした行動の中で、成功したことがあれば継続してみてください。小さな成功でも構いません。失敗したと思ったことでも改善を積み重ねれば、成功体験が増えていきます。自ずと自信も出てきて、仕事も楽しくなってきます。

結果、大きな成果を得ることになり、周りの期待に応えられる自分がそこにいます。

そして、何かあっても心が折れない強い人間になっているはずです。

「心」「技」「体」を充実することが仕事でも重要になる

競技スポーツの世界に限らず、ビジネスの世界でも、勉学の世界でも、あらゆる世界で「心」「技」「体」を充実させるほうが良いことは一般的に認識されています。

まず「体」から述べますが、「体」は資本です。身体を丈夫に保ち充実させるためには、日々の生活において食事や睡眠、運動を適度に行うことが欠かせません。

次に「技」は例えば競技スポーツであれば競技特性に合わせたテクニック、ビジネスであれば実務経験で得た技能や資格など、勉学の世界なら知識や思考の仕方などが当てはまります。一般的に研鑽により習得できることばかりです。

最後の「心」は競技スポーツでも、ビジネスでも、勉学でも、「はぐくむ」意識が大切です。キツイことに耐えたからこそ、心が強くなるように思われるかもしれません。しかしそうではなく、耐えられたとしても必ずしも心が強くなったとはいえないのです。忍耐強いだけであり、「忍耐強さ＝心の強さ」ではありません。心の強さとは、自分に負けない強さです。

では、どのようにすれば心を鍛えることができるのでしょうか。心を鍛える方法としては、一定のことを継続することが重要になります。難しいことではなく、日常的にクリアできることをコツコツ続けることです。この程度なら楽に続けられそうに思うかもしれませんが、意外にも続かないことが少なくありません。

例えば毎回の夕食後、すぐに食器洗いをすると決めていても、「今日は遅くなったから明朝にしよう」とか「ちょっと疲れたから少し横になってからにしよう」とか思って、決めごとを怠った覚えはありませんか。すぐに洗えば、磨く労力が少なく、楽にきれいになることは分かりきっています。しかし、適当な言い訳を考えて後回しにしてしまう。理に適ったような言い訳で自分をごまかしてしまう経験はだれにでもありがちなことです。

逆に、頭をよぎった誘惑や甘えを断ち切れば何よりも良い結果が生まれることは分かりきっています。自分に打ち勝っているわけですから、心が強いといえるでしょう。日常のちょっとしたことでいいのです。それをコツコツコツコツ続けていれば、最終的に習慣化できて、何かに負けそうでも、平常心でいつもどおりのことがこなせます。

あきらめるのは早すぎる！当初の志を思い出そう

　仕事をする中でしんどいことが重なり、自分の心や当初の志を見失うことは少なくありません。しかし、そもそも地元や周りの人たちの役に立ちたい、プロとして企業をコンサルティング・サポートしたいなどと思って、容易ではない金融機関の採用試験を突破し、就職したのではないでしょうか。こうして、せっかくいまの所属金融機関と縁を持ったのに、簡単にあきらめる（転職する）のはもったいないことです。

　地元の人々と直接接するこの仕事は大変やりがいもありますし、簡単ではない新規開拓を任されているということは周りの期待も大きいということです。さかのぼれば金融機関に勤めることが決まったときに、家族や親族は明るい将来が開けると喜んでくれたのではないでしょうか。その状況は自分自身にとっても喜びであったはずです。合わせて、この先、どんな人間に成長するか、社会にどのような貢献ができるか、少なからず期待に胸を躍らせたはずです。

しかし、就職後様々な困難にぶつかり、乗り越えることもままならずもがいている状況に、ついには転職を考える人も少なくありません。「こんな思いをする必要はない。別の職業なら成功するかもしれない」などと思ってしまう人は珍しくないようです。

しかし、そのまま転職に突き進んでいいのでしょうか。目の前の課題を解決できないままに転職して、何度も同じような壁にぶつかり転職を繰り返すという人を見てきました。いま、目の前にある壁は金融機関に所属しているから生じているのではありません。その壁は乗り越えようとしていない自分が生んでいる可能性があります。自分自身が壁を作っている可能性がある以上、場所を変えても同じような壁にぶちあたる可能性は高いでしょう。

社会人として成長するには、そうした壁を乗り越えなければなりません。本書でこれまで述べてきたように、壁を乗り越えるには考え方ややり方を少し変えればいいのです。絶対、壁は乗り越えられます。就職時に、難関の金融機関に入ることを認められたのですから、絶対に大丈夫です。

民間金融機関は営利企業ですが、担っている事業は金融という公共性の高いものです。お金を介して法人や個人が将来に向けて発展していくことを支えています。そうした重責機関の顔となって、最前線で活動しているのが皆さんなのです。

金融機関で働いていることに誇りを持ってください。私は銀行員時代に自行の営業大学で学んだ「プライドを捨てて誇りを持つ」という言葉を大切にしています。これは「プライド＝うぬぼれ・高慢・思い上がり」は持たずに、金融機関の担当者として重責を担っている「誇り」を持って仕事に臨むという意味があるのだと思います。

合わせて、私が恩師から贈られた言葉を皆さんに贈ります。「仕事と思うな、人生と思え！」です。

日々格闘している新規開拓活動は、まぎれもなく仕事でしょう。しかし、その仕事を通じて毎日様々な体験をしているのではないでしょうか。かけがえのない貴重な学びもあり、キャリアの中で人間形成が積み重ねられていることと思います。

日々の時間のほとんどは勤務に占められています。場合によっては、業務上欠かせない資格取得やスキルアップのために、休日を含め業務時間外に勉強に励んでいる人も少なくありません。そう考えると、自身の時間の大半を金融機関での仕事のために

費やしているといえるのです。

仕事であっても、人生における重要度は決して少なくなく、単に収入を得る手段だけとは考えられません。私の恩師はこうしたことから、「仕事と思うな、人生と思え！」と訓示をくれたのだと思います。金融機関での経験を思い返しても、まさしくそう思います。

いまでもこの言葉に助けられる瞬間が多々あります。どんなにつらいことや困難があっても、それらは自分の血となり肉となっている。そう考えれば、自分の居場所も目的も価値も明白になり、自分自身を認められるようになります。

新規開拓活動に思い悩んでいたとしても、それを任されているというのはその価値がある、実績を出せるという期待を持たれているということです。1つ失敗して簡単にあきらめるのはもったいない。簡単に転職に舵を切ってはいけません。冷静になって考えてみましょう。

確かに転職せざるを得ない状況はあります。私自身、所属金融機関の破綻といったことでそのような状況を経験しました。方向転換のきっかけにはなりましたが、簡単にあきらめたわけではありませんし、後悔はありません。

願わくば、転職は前向きに行ってほしいです。例えばスキルアップを目指すとき。周りの人たちが背中を押して応援してくれるとき。このようなときは「次のステージへのチャレンジ」といえるでしょう。

後悔がないよう、充実した人生が送れるよう――かつて同じように思い悩んだことのある私からのアドバイスです。

第7章 高い業績目標の乗り越え方

成果や業績目標に目を向けるより小さな成功の積み重ねが大事

「こんな高いノルマ、クリアするなんてムリ。でも、命令されているし、結果は評価に関わるから何とかしないと…。うーん、どうやってクリアしよう」。このように考えて、短絡的に押し売りを行う担当者は珍しくありません。そのせいで契約が取れないという悪循環に陥ることは前述してきたとおりです。中には、重いプレッシャーやジレンマにより、精神的に追い詰められてにっちもさっちもいかない担当者もいます。

平常心で楽に日々の新規開拓活動を進めるには、「ノルマの高さに目を向けるよりも、小さな成功を積み重ねることに目を向ける」ことが大事です。これは私自身が実感したことですが、日米の野球界で活躍したイチローも同じことを説いています。

イチローはオリックス球団時代に、史上初の年間打率4割を目前にして、年間最高打率記録更新を期待されたことがありました。このとき、イチローは記録更新について世間の盛り上がりをよそに、打率に固執することなくなんのその。もちろん年間最高打率の記録を塗り替える可能性は本人も知っていましたし、世間の高い期待はだれよりも実感していたはずです。

しかし、イチローの意識は違うところに向けられていました。それを証拠に、当時「バッターボックスに入って、いま自分自身やるべきことをやっているだけです。それに集中しています」といった発言がなされたことを記憶しています。

きっとイチローの中では、史上最高の年間打率を目指してバッターボックスに立つことがなすべきことではなく、1打席1打席でチームの得点につながるように出塁することが何よりも優先すべきことだったのです。数多くの出塁がチームの勝利につながることだと考え、その達成に使命感を持っていたのだと思います。

もちろん、そうして積み上げた結果が個人記録の更新につながることも分かっていたと思いますが、1つひとつの安打が自分だけでなくチームにとってプラスになると信じていたのです。これまでの実績や偉業を見れば、そうした信念が重要であったことは火を見るより明らかです。

金融機関の行職員にとっての業績目標達成は、イチローにとっての年間記録・成績と同じようなものではないでしょうか。新規開拓担当者の業績目標達成は、日々の活動の積み重ねで得られる個別契約の獲得があるからであり、もとより地元や所属金融機関のためにいかに貢献できるかを考えて、日々地道に行動するからこそ実現できることなのです。

逆に、成果や業績目標の数値に捕らわれ過ぎると、結果が出にくくなります。金融機関に限らずスポーツをはじめあらゆる業界でいえることです。

1000分の1秒で勝敗が決まる陸上100m競走。2020東京オリンピックの日本代表では、多田修平選手、山縣亮太選手、小池祐貴選手、補欠で桐生祥秀選手が参加しました。代表選考は僅差で争う史上まれに見るハイレベルな記録ばかり。

オリンピックメダルの獲得とともに記録更新も期待されましたが、残念ながらオリンピック本番では実現されませんでした。

もっとも、オリンピックをはじめとしたビッグレースでは、なかなか良い結果を残せない選手は少なくありません。メダル獲得が第一目標であるためか、記録更新よりも勝負に徹して駆け引きをすることが大事。だからこそ、記録更新があまりないのかもしれませんが、それだけではないように思います。アスリートによっては記録更新を意識しすぎてしまったために記録更新ができないということも間違いなくあるのではないでしょうか。

日々の練習や非公式の記録会などで記録更新が出やすいのは、パフォーマンスを上げることを目的に、また鍛錬の場の1つとして認識がなされているからかもしれません。こうした場面での成功が個人の経験として積み重なることで、ある意味自信を生むことにつながり、目標達成や大偉業の実現になるのかもしれません。

これは新規開拓活動に重ねても、同じことがいえます。成果や業績目標の達成にばかり目を向けるより、日々お客様に対して何ができるかを考えて、取るべき行動をコツコツ積み上げていけば実績も自信も出てきます。実績が積み上がることで、業績目標に達成するというのが無理のないことではないでしょうか。

周りの目やライバルがいることで、本来の目的やなすべきことを忘れてしまうこともあるでしょう。しかし、それゆえに、1つの成功もおぼつかなくなってしまうのです。大事なのは、周囲を過度に気にせず目的を意識して平常心でコツコツとなすべきことをすること。これが自分自身に過大な無理をかけずに業績目標を達成する近道と捉えましょう。

業績目標をノルマと捉えず目的を意識して指標とする

金融機関の担当者は個別に業績目標が設定されていて、多くの人はその業績目標を「ノルマ」として捉えており、どうクリアしようかと日々考えていることでしょう。しかし、ノルマとはそもそも何なのでしょうか。

ノルマとは、広辞苑（第7版）を紐解くと、ラテン語を語源とするとありますが、ロシア語の「norma」であり、「ソ連時代の制度で、労働者が一定時間内に遂行すべきものとして割り当てられる労働の基準量。賃金算定の基礎となる」「転じて、一般に勤務や労働の最低基準量」と記されています。

用例として挙げられている「ノルマを果たす」という言い方があるように、ノルマとは「与えられている労働の成果」と言い換えることができます。行職員の立場でいうノルマとは、「雇用者（所属金融機関）から与えられている労働の基準量であり、給料を決める基準量」と捉えることができます。

よって、個別担当者からすると、ノルマとは一般的に「自分が所属する組織から与えられるもの」なのです。受け身の立場ですから、「自分自身が積極的に望んだものではない」と感じられます。図式化すれば「所属金融機関→自分」で課されるものです。心理的には「やらされている感」がいなめません。

実際問題、上司には取引獲得に向けた進捗状況を管理され、成果が少なければ言葉や態度でプレッシャーをかけられる。ひどいときは、業績目標を達成できなくて人間性まで否定されるなんて珍しくありません。自分が責められていなくても、イヤな感覚を受けます。私は想像するだけで、気持ちがざわつきます。

このような状況では、何事もうまくいくはずはありません。個人としても前向きに取り組むことは難しいでしょう。実際、成果はなかなかあがらないことは、皆さんも実感できると思います。

こうした状況を改善するには、組織自体も個人個人も業績目標を「ノルマ」と捉えることをやめる必要があります。では、業績目標はどのように捉えるほうがよいのでしょうか。もっと言えば、どう捉えればうまく新規開拓活動が運ぶのでしょうか。

そもそも目標という言葉は、広辞苑（第7版）によれば、「目じるし。目的を達成するために設けた、めあて。まと」と記されています。

「目標を立てる」「努力目標」といった用例がありますが、目標とはどちらかというと「他者から与えられるものではなく自身が決めるもの」という意味があります。ですから、金融機関で言われる業績目標とは、他者から無理強いされるものではなく、それぞれが自主的に「目的達成を目指すためのもの」であるといえます。図式化すると「自分→（目標）→目的達成」という構造です。

「目標」と「目的」は混同しがちですが、このような関係性を見ると違いがはっきり分かります。広辞苑（第7版）によれば、目的とは「成し遂げようと目指す事柄。行為の目指すところ。意図している事柄」「意志によってその実現が欲求され、行為の目標として行為を規定し、方向づけるもの」とあります。すなわち、目標と目的の関係は、「目的（成し遂げようとする目指す事柄）のために、目標（目的を達成するために設けた到達点）が存在する」と言い表すことができます。

目的なくして目標だけが存在することはあり得ません。目標は目的を実現するために設定されるものであり、目標はあくまでも目的をかなえるための指標です。ですから、目的が何なのか認識していなければ、また目的を見失っているようなことがあれば、目標を達成することは難しくなるのです。

業績目標をノルマとして「やらされている」意識で臨めば、その目標の根拠となる目的を意識できず見失いがちです。目的を意識もせず見失ってもいれば、業績目標の達成はまず実現できないでしょう。

業績目標を達成したいのであれば、業績目標を他者から与えられたものと捉えるのではなく、まず例えば「金融機関の人間として地元や地元の人々の金融を担い、役に立つ」といった目的をしっかり意識し、業績目標はそれを実現する指標と捉え自分自身が行うことを自主的に管理・コントロールすることが必要でしょう。

このように自主性を持って行動すれば、前向きになれますし気持ちも楽になれます。

具体的な目的を持って業績目標の達成に向けて動く

業績目標はノルマであるという認識をやめて、業績目標は目的をかなえる指標と捉えるマインドセットを実践するには、具体的な目的を掲げることが欠かせません。

例えば「金融マンとしてお客様の役に立つ」という使命を掲げるのでもかまいませんし、もっと身近で個人的な「金融のプロとして働く」「昇進して高い給与を得る」「昇進して楽に働く」「独立して自分の会社を経営する」「支えてくれる家族に幸せな生活を与える」などとしてもかまいません。

ただし、自分なりの目的を持つこと、そしてその目的が自身にしっくりくる・腑《ふ》に落ちるものにすることが重要です。

こう言われても、どのような目的を設定すればよいか分からないこともあるでしょう。ここでは、自分なりの目的の見つけ方を紹介します。

◎ステップ1
業績目標を達成するのは、自分自身にとってどのような意味があるか考える
↓
◎ステップ2
業績目標を達成することで、自分自身が手に入れられる状況を思い浮かべる
↓
◎ステップ3
業績目標を達成することで、自分自身がどのような感情を抱くか想像する
↓
◎ステップ4
業績目標を達成することで、自分以外の人や世間が抱く感情を考える。ここで言う「自分以外の人や世間」とは、自分が関わりを持っている人とする。家族や上司、部下、同僚、お客様、両親、友人、旧友などが該当

例えば、自分以外の人や世間が抱く感情として、以下のようなことが考えられるでしょう。

・家族が心から喜んでくれる
・子どもが「すごい」と感心してくれる
・上司が今後を期待してくれる
・部下や同僚が誇りに思ってくれる
・恋人がさらに好意を寄せてくれる
・故郷の両親が仕事で頑張っていることを認めてくれる

↓

◎ステップ5

業績目標の達成に伴って自分自身が手に入れられる状況により、自分以外の人や世間の状況がどう変わるか想像する

例えば、以下のようなことが想像できるでしょう。

・家庭が円満になり、家族が幸福感に包まれる
・子どもが親を誇りに思うことで、子ども自身が自信を持つようになる
・所属する支店の実績が上がり、優績店として表彰される
・上司が部下の育成を評価され栄転される

・部下や後輩が手本にしてくれて実績を伸ばす

↓

◎ステップ6

業績目標の達成により自分以外の人や世間が抱く感情で、自分自身はどのような気持ちになるか想像する

例えば、以下のようなことが想像できるでしょう。

・家族が心から喜んでくれてうれしい
・子どもが尊敬を持ってくれているので、ますます家族のために頑張ろうと思う
・上司の期待に応えたくて、ますますやる気がわいてくる
・部下や後輩が「すごい」と思ってくれて誇らしい

↓

◎ステップ7

自分以外の人や世間が抱く感情により、自分が手に入れられる状況はどのようなものか思い浮かべる

以上の過程で考えていくことで、自分なりの目的が明確になります。合わせて、より具体的に目的を自覚することができるので、目的を実現するにはどのような行動をすればよいか、また業績目標を達成するにはどのようなアプローチが必要かも明らかになることでしょう。

目的があいまいなままだと、業績目標を達成する動機づけは弱く、途中であきらめやすくなります。そうなれば、業績目標達成はかなり難しいでしょう。しかし、自分なりの目的がハッキリしており、それを実現するために業績目標の達成が欠かせないことを意識しているのであれば、ときにくじけそうになったり諦めそうになったり不調で物事がうまく進まなくなったりしても、軌道修正できて再び業績目標の達成に向かって行動できるのです。

例えば「支えてくれる家族に幸せな生活を与える」という目的を持っている場合、それを実現するのに業績目標の達成が必要であると意識していれば、その業績目標はノルマのようには感じられず、業績目標達成に向けて前向きに新規開拓活動に臨めるはずです。

おわりに

第1章に登場した稲田くんも、小羽田くんも、白須くんも、すべて私自身の投影であり、また私の周りにいた仲間たちもモデルになっています。喫茶銚子港のマスターのモデルは、当時私を叱咤してくれた先輩です。喫茶銚子港も当時実在したたまり場で、私が渉外活動の基本を叩き込まれた道場といえます。

本書で紹介している内容、すなわちマスターが伝授している内容ですが、私が先輩から教わったことであり、私自身がたどりついたことです。すべて私が実践してきたことであり、成果をあげられたという実績をもとに後輩たちに伝えてきたことでもあります。

本書は、「はじめに」で挙げたような悩みに応える内容にしたつもりです。本書全体を冒頭から続けて一読していただければ、「鬼に金棒」になると思います。しかし、忙しい日々の中、多く時間がさけない場合は必要な事項のみを選び取って読んでいただいても問題はありません。

参考までに、「はじめに」で挙げた悩みに対応する部分を以下に記しておきます。

□お客様に断られ続ける毎日にやる気を失いそう…第2章の「こんな意識を持つだけで平常心で気楽に活動できる」

□何から手を付けてよいのか分からない…第2章の「こんな意識を持つだけで平常心で気楽に活動できる」

□やらなければならないことが山積みで、新規開拓活動に振り向ける時間がない…第2章「限られた時間の中で多忙な業務をバランスよく行う」や第4章

□効率的に動くにはどうしたらよいか分からない…第2章の「限られた時間の中で多忙な業務をバランスよく行う」や第4章

□訪問するたびに押し売りのように思われてしまい、変な空気になってしまう…第3章

□お願いをして、しぶしぶと契約してもらうのはつらい…第3章

□何をやってもうまくいかず、自分がちっぽけな存在に思えてしまう…第6章

□ノルマという言葉を聞いただけで気持ちが沈む…第7章

□自分に新規開拓活動（または渉外活動）は合わないような気がする……第6章

以上に挙げた部分は代表的なところです。その他の部分も参考になることはたくさんあると思います。いかがでしたでしょうか。

あらためて、私自身のことや銀行員時代の経験を紹介したいと思います。

私は4年制大学を卒業した後、東京に本店を置く第二地方銀行に入行しました。千葉県の茂原支店で銀行員生活をスタートさせ、3年が経ったころ、行内に設立されている「営業大学」で学んで渉外行員になるように、支店長から命じられました。

営業大学とは、人事部付の教育機関であり、渉外行員として配属されるための必修研修制度です。商品知識や営業マナー、ロープレ訓練を行う座学を2ヵ月程度で修了し、その後実際の店舗（私の場合は東京都の中野支店）に新規開拓部隊として常駐して、約4ヵ月にわたる実践で一定の基準以上の実績をあげなければ渉外行員として正式に配属されない決まりがありました。

クリアできなければ、事務行員として配属されていた元支店に逆戻り。そうなると、渉外行員になるチャンスに恵まれることはなくなってしまうため、なんとしても実績をあげようとだれもかれも必死になります。個人個人は自身の考えを張り巡らしてトライアンドエラーを繰り返す日々。私にとっては興味深くもプレッシャーがかかるときでした。

私の周りで多かったのは、実績を早くあげて安心したい気持ちから、基本を逸脱してお願いセールスに奔《はし》り、片端から刈り取りしようとして玉砕するパターン。

一方、私は臆病な性格も手伝ってか、基本を忠実に守り、1軒1軒インターフォンを押し続けお客様との関係づくりに注力していたのですが、なかなか契約に至らない状態が続きました。当時の心境は「本当に営業大学を終了して渉外行員になれるだろうか」というもの。不安で不安で仕方なかったのですが、「基本どおりにやって成果が出なかったら教えてる側が間違ってるんだ」と開き直り、淡々と活動を進めました。

当時、他の担当者を見て学んだのが、「〝我慢〟と〝お客様との間合い〟がとても大事だということ」。売り込みに前のめりになりすぎると、その姿勢がお客様に伝わり、それまでに築き上げてきたお客様との関係が一瞬で壊れることから、このことを意識しながら行動していたのです。

そうこうするうちに、不思議なものでお客様から「月掛け、いくらほしいの？」などと切り出されるようになって次第に契約が増えていきました。最終的にはすべての推進項目で目標基準の２００％を達成。営業大学の同期の中で2位の成績を収めて、修了できました。トップの成績をあげた仲間は花形の八重洲支店へ、2位の私は千葉県内最大店舗の千葉支店に、渉外行員として配属されたのです。

それからも私は苦難の連続でした。担当エリアでは地銀3行、信金4庫が競合しており、各担当者がしのぎを削って攻勢をかけている状況。ときを同じくして夕刊紙で自行が「破綻前夜」と書かれていたこともあり、他行庫から取引を取ったり取られたりの繰り返しでした。

そんな経験は私にとってかけがえのないことになりました。私の社会人人生の中で、ビジネスマンとしての基礎を作ってくれた時代だといまでも確信しています。

その後数年経って、自行はバブル期の不良債権の処理が追いつかず、日本版金融ビッグバンのあおりを受ける形で、山一證券や北海道拓殖銀行と同じ時期に破綻してしまいました。

金融機関で新規開拓に携われる人員は一部です。だれでも経験できるわけではありません。

その証拠に、配属の希望を出しても狭き門のため長く希望がかなえられていない人もいますし、私のように自行が破綻したために新規開拓活動をやれずに終わった人だっています。

新規開拓活動は本当に貴重な経験です。大切に充実した日々を過ごせるように、そして将来、人生を振り返ったときに一番素晴らしい時期だったと心から思えるように、本書が皆さんのお役に立てたら幸いです。かつて銀行の渉外担当者だった経営コンサルタントの切なる思いです。

今回の執筆に際して、銀行マンの先輩で公益財団法人千葉県産業振興センターの元プロジェクトマネージャーの宮内健次さんがきっかけを作ってくださいました。そして、私の銀行員時代の渉外経験に注目し、本書の執筆を後押ししてくださった近代セールス社出版部の湊由希子さんには、発刊に向けて大変お世話になりました。この場をお借りして心より感謝申し上げます。

【参考文献】

・『第14次業種別審査事典』一般社団法人金融財政事情研究会【編】（きんざい）
・『自分に打ち克つ訪問セールス』嶋田光次郎【著】（近代セールス社）
・『2021年度 千葉県産業振興センター 事業ガイド』千葉県産業振興センター【発行】
・雑誌「バンクビジネス」2020年2月号特集『新しいお客様の見つけ方・作り方』神谷武【著】（近代セールス社）

●著者略歴●

神谷 武（かみや たけし）

1970年千葉県生まれ。國學院大學法学部卒。

東京相和銀行（旧東京相互銀行、後の東京スター銀行）に入行。茂原支店で店内勤務の後、都内店舗の新規開拓部隊で活動（通称「営業大学」で、営業適性を諮る試験研修を経験）。高成績が評価され、旗艦店舗の千葉支店営業課に配属。定期預金の連続獲得記録の更新をはじめトップクラスの成績を修める。のちに、東京相和銀行が破綻。破綻間際の体験から、世の中から倒産をなくすことを使命として経営コンサルタントの道へ。

国内独立系大手コンサルタント会社を経て、会計業界15年間で中小零細事業者への経営支援を実施。2014年に独立し、未来会計法人テイクハーツ・マネジメント㈱（経営革新等支援機関）を設立。主に、事業承継支援や資金繰り対策、営業活動支援、目標達成支援が専門。自社運営の傍ら、2019年より公益財団法人千葉県産業振興センタープロジェクトマネージャー（事業承継担当）、2021年より独立行政法人中小企業基盤整備機構全国本部中小企業アドバイザー（承継円滑化支援）として公的な立場で活動中。

企業経営者・社員向け、金融機関行職員向け研修多数。

「バンクビジネス2020年2月号（近代セールス社）」他、業界誌で執筆。

銀行員必携！ 新規開拓活動の鉄則

2021年11月12日 初版発行

著　者　　神谷　武
発行者　　楠 真一郎
発　行　　株式会社近代セールス社
http://www.kindai-sales.co.jp/
〒165-0026 東京都中野区新井2-10-11 ヤシマ1804ビル4階
電話 (03) 6866-7586 FAX (03) 6866-7596

本文イラスト　伊東ぢゅん子
印刷・製本　株式会社木元省美堂

ISBN978-4-7650-2325-2